| 畅销经典·全新修订 |

第2版

# 股票"T+0"操作策略

文秋明◎著

—— 每天都是小牛市 ——

国内第一本系统讲述如何做股票日内高抛低吸（俗称"T+0"）的书。

学到本书的方法，除了做"T+0"，波段操作也不在话下，教会你"短线咬一口"。

独特的多重共振选短线急涨个股方法。

实战性超强的方法，适合股票、期货、黄金、外汇等任何市场。

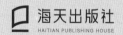

海天出版社
HAITIAN PUBLISHING HOUSE

图书在版编目（CIP）数据

股票"T+0"操作策略：每天都是小牛市 / 文秋明
著 . — 2版 . —深圳 : 海天出版社 , 2015.5（2021.10重印）
ISBN 978-7-5507-1317-8

Ⅰ.①股… Ⅱ.①文… Ⅲ.①股票交易—基本知识
Ⅳ.①F830.91

中国版本图书馆CIP数据核字(2015)第045375号

股票 "T+0" 操作策略：每天都是小牛市
GUPIAO "T+0" CAOZUOCELUE：MEITIAN DOUSHI XIAONIUSHI

出 品 人　聂雄前
责任编辑　涂玉香
责任技编　陈洁霞
装帧设计　　斯迈德设计
　　　　　　0755-83144228

出版发行　海天出版社
地　　址　深圳市彩田南路海天大厦（518033）
网　　址　www.htph.com.cn
订购电话　0755-83460202（批发）0755-83460239（邮购）
印　　刷　深圳市希望印务有限公司
开　　本　787mm×1092mm　1/16
印　　张　14
字　　数　198千
版　　次　2015年5月第2版
印　　次　2021年10月第8次
印　　数　25001-28000
定　　价　45.00元

# 再版序

　　2012 年 8 月出版的《股票"T+0"操作策略》转眼间时间已经过去了两年半，这两年半时间里，我偶尔也看了一下在多个网上书店的书评，例如当当网、京东商城、卓越亚马逊等，绝大多数评论都给予它很高的评价。另外，这两年半来，我先后收到超过千名读者的多种方式的咨询，包括通过电子邮件、微信公众账号或微博留言、电话等方式，他们对此书表达充分肯定的同时也提出了一些使本书更加完善的建议，谢谢各位读者的支持与建议。

　　另外，刚刚过去的 2014 年是很有纪念意义的一年。2014 年 8 月我开始坚定看多，多次提及大牛市观点，通过各种方式指出牛市已经开始，包括到全国多个城市开报告会，以及通过微信公众账号与博客等新媒体的方式发表文章宣告牛市的来临。可以这样说，我的各个平台的学员以及关注我微信公众账号的朋友都应该很早就参与了这波牛市。正在阅读本书的新朋友，也许你在 2014 年 8 月没有最早参与这波牛市，但没有关系，因为这波牛市才刚刚启动，未来上涨的时间还远着呢，空间非常大，因为这波牛市是我们 A 股有史以来最大的牛市，比 2006 年、2007 年的牛市还大得多。这个观点我在 2014 年 8 月已经抛出，当时很多人不太相信，包括部分上过我大课的学员也觉得不太可能，现在大盘如期出现疯狂上涨，相信的人越来越多，我们简单回顾一下吧。从 2014 年 8 月份我正式宣告大牛市开始，当时几乎每一场报告会都有很多人问我：现在经济在转型调整结构，经济增速下行压力仍很大，2015 年与 2016 年凭什么会走出大牛市？对于那些相信技术分析的人，我会通过波浪理论与大量历史统计数据让他相信这波行情不但是牛市，而且是比 2006 年、2007 年更大的牛市。如果那些不太懂技术分析的或者不相信技术分析的人，我就直接告诉他一句话，让他彻底觉醒："现在市场上不缺钱、政策红利又不断释放中，技术形态又向好，如果实体经济又好的话，上证指数早已经是 8000 点甚至 1 万多点了，还给机会让你在 3000 点以下买廉价筹码？"

　　我的一位忠实学员（2009 年初已经上过我的大课），他一直跟着我的步伐，我的所有大课他都上过，从 2013 年 4 月我开辟了每天晚上的网络课室以来，他基本上每天晚上必听，他收集了我在 2014 年下半年关于未来大盘的看法，整理出我的几句经典语录，挺细心的，这里给大家分享一下：

"2015 年与 2016 年的行情会涨到所有人都不敢相信！"——文老师发表于 2014 年 8 月 20 日。

"如果到现在仍对后市看空的人是不懂股票的人，如果至今仍看不到后面是大牛市的人，水平很有限！"——文老师发表于 2014 年 12 月 2 日。

现在踏入 2015 年，A 股的大牛市已经完全确认，如果当年 2006 年与 2007 年牛市的大背景是股权分置改革与汇率改革，那么我们未来的这波大牛市的基础又是什么呢？答案是：国资改革、A 股自身体制的改革包括沪港通与深港通（即将推出）、股票期权、今年要推出的股票注册制与"T+0"交易制度以及政府深化体制改革让实体经济释放出的改革红利等。上述是基本面的牛市基础，其实运用波浪理论，会看到未来两三年是走大级别的第三浪里的第三浪，2006 年、2007 年是对应级别的第三浪里的第一浪，所以无论从基本面还是技术面这波牛市都会远超过 2006 年与 2007 年那一

波行情，究竟结果如何，大家可拭目以待。请
做好准备，一起分享未来几年可能是你人生中
难得遇到的超级大牛市！


文秋明

2015 年 1 月 27 日于深圳

# 前　言

　　不少投资者在行情好的情况下，尽管对投资市场知之甚少，也能赚一笔钱，但不久之后赚到的钱又会全部还给市场。很显然运气和灵感是靠不住的，投资者必须具备良好的投资策略才能够获得成功。本书就是给投资者一种买卖策略与技巧，只要投资者认真阅读本书，并好好记住要点，相信你的短线投资水平一定会快速提升，到时你一定会有"吓一跳"的感觉，发现投资市场以前赚钱很困难现在赚钱很简单，会被自己的成长速度吓一跳，发现自己怎么会突然进步这么快，心态也变得很平和，手里持有的股票是涨也开心，跌也开心。

　　笔者根据自己多年来在投资市场的研究和实战总结，设计出一整套"T+0"及短线交易策略的职业操盘手培训课程，帮助很多投资者在投资市场中快速提升投资水平，同时也培养了一批职业操盘手。课程可以让投资者长期在投资市场获利,不仅在股票市场,也可以在外汇、黄金、商品、股指等市场获利。课程不但对短线投资者有用,对中长线投资者也十分有参考价值,可以学会在原有持仓的基础上通过高抛低吸来波段操作,扩大收益。短线投资者通过学习可以将牛股抓住不放,不会被主力凶猛地洗盘而在半路赶下车,也可学会如何通过各种盘面特征来捕捉个股与大盘的日内高低点,尤其对做股指期货的投资者而言更是一门不可缺少的独门秘籍。由于很多投资者没有机会参加课程的学习,为了让更多的投资者受益,笔者将课程的部分内容写成此书,希望能帮助更多投资者用最短的时间快速提升技术水平,真正做到享受投资享受人生,发现投资乐趣。

我要感谢这四年来参加过我大小型报告会的股民听众,每次报告会,不少现场的听众都问我有没有相关的书,他们都建议我早点出书,正是这原因激发我下定决心,抽出时间来写书。当然,在这里,我更要感谢这四年来参加我短线课程的学员,正是因为不断给他们上课,才让我的"T+0"短线操作系统更加完善,没有给他们上课的机会,绝对不会有此书面世。最后,我更要感谢我的几位顶尖的操盘手,他们既是我的课程的学员,是我两千多名学员之中挑选出来的精英之中的精英,分担我股票、期货、黄金的操盘工作，在我系列书的写作中，他们也发挥着至关重要的作用，对于案例的收集、相关资料整理等都帮了我十分大的忙，他们的辛勤付出才能让本书得以顺利完成。

本书内容本应可以写得更加深入、更加清楚，但由于时间仓促，而且是第一本书，写得有不完善的地方在所难免，正如金融大鳄索罗斯的策略"先投资后研究"，我这次出书的策略也采取"先出版后完善"，如果都等最完美的书稿出来，恐怕不知要往后推多少年了，如有不足之处，请见谅。尽管有不够完善的地方，但笔者很有信心，如果读者认真阅读完本书（最好读5次以上），技术分析水平一定会有很大的提高。

# 目 录

## 第一章 "T+0"策略概述

## 第二章 买卖策略

# 第三章　个股综合分析

# 第四章　其他交易技巧

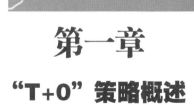

# 第一章

## "T+0" 策略概述

# 一、"T+0"买卖策略概述

自 1995 年 1 月 1 日起，为了稳定股票投资市场，防止投机客过度投机，股票市场实行"T+1"交易制度，即当日买进的股票，要到下一个交易日才能卖出，但对资金仍然实行"T+0"，即当日回笼的资金马上可以继续使用，"T+0"的买卖策略就在这样背景下顺势而生。所谓股票日内"T+0"就是指当天买入的股票，当天找机会卖出，或者当天卖出的股票，当天找机会买回来。要实现"T+0"操作，不管是先买后卖，还是先卖后买，一定得先有底仓。举例：假设你有某个股票 4 万股底仓，早盘这只股票不断下跌，跌至一个我们认为可以买入的价格，假设是 23.10 元，这时你买入 2 万股这个股票。读者朋友们，根据我们书上的方法盘中去买股票的话，有 80% 以上的概率股价会乖乖地反弹上来，当然，我们不要求它马上来个涨停板，但比我们买入的价格涨 2%~5% 的概率是很高的，至少 80% 以上。而且，买入之后，不需要多长时间，它就会乖乖涨上来，假设股价涨上来，涨至 23.80 元，你就可以卖出多买的 2 万股。好了，你今天做了这个买入和卖出的操作，比你持股不动有什么区别呢？到了收盘，持股还是 4 万股，持股数没有变，但变了什么？最大的变化是你账户上的可用现金变多了，成了（23.80−23.10）× 20000=14000（元）（交易费与手续费忽略不计）。这就是"T+0"的操作策略。大家思考一下这个问题，假设你每天都在持股的基础上对股票做"T+0"，假设你做"T+0"的成功率达到 80%（熟悉本书的方法，配合一些训练，你完全可以做到），每个月大概有 20 个交易日，每天只 T 一次。也就是说每月 20 次做"T+0"操作中，有 16 次成功获利，有 4 次失败亏损，假设每次盈利与亏损的比例一样，那么净盈利次数达 12 次，假设每次盈利 3%，也就是一个月下来你用来做"T+0"的现金仓位的回报率是 12 × 3%=36%。相信读者朋友一定很兴奋，别说每月 36% 的回报，即使打个五折，每月只有 18% 的回报已经相当满足了。所以，"T+0"策略是一个很好的交易策略，听起来很美，但"T+0"要做好，确实难。难点有两个：一个是技术上的难点，如何把握当天的买卖点，读者朋友，你一旦看完本书，并反复看，记住书上每个买卖策略的要点，再配合一些训练，你绝对可以解决买卖点的问题；另一个是纪律上的难点，除了有技术，还得有良好的心态与严格的纪律，这些在后面会提到。一旦你掌握了"T+0"，也许你对追涨杀跌没兴趣了。

最后补充一下，未来可以预见的是，在今年（2015 年）内将会恢复"T+0"交易制度，届时大家做"T+0"的时候就可以不需要有底仓也可直接实现当天买当天卖。同时，也方便大家用本书的方法更好做赚取日线波动及短线波段的操作，赚取更多利润。

学习笔记

# 二、"T+0"策略的优点

通过"T+0"交易，可以充分利用好股票账户的现金，循环使用，提高收益。

"T+0"操作每天都有机会练习，不用担心没有机会训练而在机会来临时错过时机。

"T+0"操作可以真正发现短线交易乐趣，享受捕捉日内高低点的交易乐趣。持股过程不怕震荡，可以将牛股拿得住。

一旦掌握了"T+0"要领，可以应用于股指、商品、外汇、黄金等市场。

心态好，股价涨跌都开心，焦点是放在能否赚取当天差价，而不是底仓的涨跌。

有底仓，在多头行情下不会踏空。

了解市场会有不同的对手，清楚市场的波动节奏，明白短线的高点与低点如何产生。

学习笔记

# 三、选股做"T+0"

实战中可以找一些均线多头排列，振幅较大，股性相对活跃，平均20天振幅大于4%的或短线惯性强的个股，再能配合一些板块效应就更好，投资者可以将一些常用的选股指标加载到行情列表中，如图1－1。

| | 代码 | 名称 | 涨幅 | 最新 | 最高 | 最低 | 振幅 | ↓二十天平均振幅 |
|---|---|---|---|---|---|---|---|---|
| 1 | 600613 | 永生投资 | 8.36% | 16.72 | 16.97 | 15.30 | 10.82% | 7.76 |
| 2 | 300023 | 宝德股份 | -0.09% | 10.65 | 11.00 | 10.44 | 5.25% | 7.62 |
| 3 | 300262 | 巴安水务 | 2.32% | 20.26 | 20.31 | 18.20 | 10.66% | 7.48 |
| 4 | 300156 | 天立环保 | 2.48% | 12.00 | 12.05 | 11.52 | 4.53% | 7.44 |
| 5 | 600732 | 上海新梅 | -2.49% | 7.04 | 7.28 | 6.89 | 5.40% | 7.38 |
| 6 | 000736 | 重庆实业 | -4.35% | 12.74 | 13.43 | 12.33 | 8.26% | 7.37 |
| 7 | 000014 | 沙河股份 | -1.90% | 9.30 | 9.55 | 8.88 | 7.07% | 7.30 |
| 8 | 300181 | 佐力药业 | 3.33% | 18.94 | 19.24 | 17.90 | 7.31% | 7.02 |
| 9 | 300140 | 启源装备 | 5.53% | 12.02 | 12.53 | 11.10 | 12.55% | 6.99 |
| 10 | 000722 | 湖南发展 | 1.63% | 8.09 | 8.15 | 7.83 | 4.02% | 6.96 |
| 11 | 002349 | 精华制药 | 2.70% | 13.30 | 13.44 | 12.74 | 5.41% | 6.79 |
| 12 | 002644 | 佛慈制药 | 0.97% | 16.66 | 16.75 | 15.95 | 4.85% | 6.77 |
| 13 | 300239 | 东宝生物 | 1.69% | 15.01 | 15.38 | 14.03 | 9.15% | 6.61 |
| 14 | 600401 | 海润光伏 | -2.79% | 9.05 | 9.25 | 8.78 | 5.05% | 6.59 |

图1－1

由于投资者使用的软件不同，笔者不做具体说明，总之选股有两个原则：

1.应选取中线看好的股票，短线涨与不涨没有所谓。

2.应选取相对活跃的个股，即振幅大，通常要求20天平均振幅要大于4%。

# 四、操作类型

　　"T+0" 策略有两种操作类型，即正向操作与反向操作。

　　正向操作是指"先买后卖"，投资者持有一定数量底仓的股票，在当天相对低位附近买进一定数量的股票，在冲高之后将当日多买进的股票卖出，实现即日的低买高卖。

　　反向操作是指"先卖后买"，投资者持有一定数量底仓的股票，在当天相对高位附近先卖出一定数量的股票，股价回落之后当天找机会将卖出的部分重新买回来，实现即日的高抛低吸。

学习笔记

# 五、仓位控制

"T+0"策略对资金管理主要表现在仓位控制上，通常情况下有三种仓位法则。

行情好的时候，七成仓股票，三成现金。

行情弱的时候，三成仓股票，七成现金。

行情火爆时，甚至可以满仓，但做"T+0"只能反向操作，先卖后买，在此笔者不建议初学者满仓。

学习笔记

# 六、焦点

焦点永远放在能否从当天的股价波动中赚取差价，而不是股票的收盘价。

# 七、纪律与原则

永远坚持上述第三点中两个做"T+0"的选股原则。

做"T+0",一般情况下到收盘前底仓数量应维持不变,不可以越T越多或越少,除非出现底仓要改变的情况(到了重要压力位减仓或者跌破了重要支撑位出局),所以要求当天T的仓位,不论成功与否,收盘前要平掉,即多买的仓位要卖出,多卖的仓位要买回来。

在 14: 20 以后一般不做T,因为已没有太多时间给你做差价。

要专注手上个股的"T+0",不被其他机会诱惑。因为有时候,你手上做T的股票今天没有出现操作点,既不能正向操作,也不能反向操作,这个时候,正好盘面其他个股很活跃,定力不够的投资者也许会选择先把原本用作"T+0"的现金去追其他个股机会,而不坚持原则。例如有可能你用了资金去追其他股票,手上"T+0"的股票出现正向操作时就没有资金去操作,又例如本来是做反向操作,早盘把股票卖出了,本应该等股价回调下来去低买回来，但可能此时见到市场其他机会，你会选择暂时拿钱去追别的机会，而不留着等低买……会有种种不守纪律的操作。经验告诉我们，往往这种操作都是不好的，打乱了做"T+0"的节奏，也分散了注意力，事后回过头来看，你会发现坚持做 T 会更好。做"T+0"操作的投资者最好不能天天想着换股，也不能因某段时间别的股表现优秀而临时将资金转移，一定要持有与操作一并坚持原则，通过长期的高抛低吸来稳定地获利。

# 八、三"会"

学会本书所述的买卖策略，读者朋友不但可以做"T+0"操作，也可做波段操作与咬一口。三"会"即：

1. 会做"T+0"操作：日内实现高抛低吸；

2. 会做波段操作：时间跨度长一些的高抛

低吸，因为有些投资者没有时间天天盘中做差价，只能做一些级别大一点、时间跨度长一些的波段；或者有些中线看好的个股，它的股性不活跃，做不了日内的差价，就做大级别的波段操作，研判的方法基本是一致的；

3. 会做"短线咬一口"：有些读者朋友由于性格的原因，喜欢经常换股操作，学完本书的方法，照样可以做得到，用我们的方法短线买进，一到几天反弹后卖出。

学习笔记

# 第二章

## 买卖策略

　　本章是买卖策略篇，让读者明白当天如何去做正向操作或者反向操作。为方便读者掌握每一个买卖策略，本章按每一节作为一个独立的买卖策略来讲，读者可以据此独立使用。在下一章，我们才来讲如何做综合运用。

# 一、黄金分割买卖策略

## 【概述】

　　关于黄金分割比例，读者朋友们应该很熟悉，上学的时候或者出来工作后都应该听说过。黄金分割比例在投资市场有着广泛的应用，包括股票、期货、外汇、黄金等。在黄金分割中有两个常用的比例关系，分别是 0.382 和 0.618。

## 【基本应用】

股价连续上涨一波后的回调支撑位，可用黄金分割找，回调比例达到这波上涨的 0.382 和 0.618 处会有支撑；反之在一波下跌之后出现反弹，当它反弹到这波下跌的 0.382 和 0.618 的位置就会有压力。例如一只股票从 20 元涨到 30 元之后开始出现回调，当它回调比例到 0.382 时，就会获得支撑，这波上涨股价上涨 10 元，以 10 元计算回调 0.382 即回调 38.2% 是 3.82 元，所以 26.18 元是 30 元减去 3.82 元所得。

计算公式：$30 - (30-20) \times 0.382 = 26.18$

也就是说当股价回调到 26.18 元附近，股价就有支撑。知道了这个规律之后，对我们做"T+0"就很有参考价值，我们就可以在 0.382 或者 0.618 等黄金分割位对股票做正向操作，这就是我们所说的黄金分割买卖策略的其中一个应用。

下面先看一个案例来增加一下感性认识，了解一下黄金分割买卖策略是怎么一回事，如图 2－1 所示，这是 2011 年 9 月份的一只股票，大连电瓷（002606）。

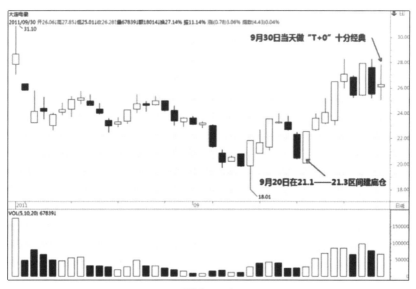

图 2 － 1

这个股票是很好做"T+0"的，几乎每天都可以做。笔者是 2011 年 9 月 20 日在 21.10 元至 21.30 元区间建底仓，就以 9 月 30 日为例用放大镜把它放大看看笔者当天是怎么操作的，如图 2 — 2。

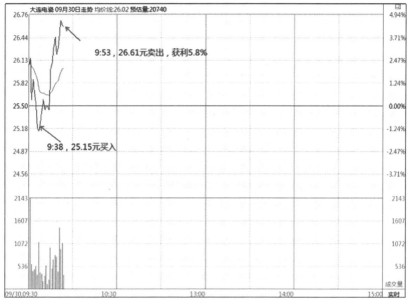

图 2 － 2

09: 38 笔者以 25.15 元对该股做了正向操作，到了 09: 53 根据笔者另外一种买卖策略以 26.61 元将其平掉（后面章节会讲）。在短短 15 分钟里会获利多少呢？如果用百分比计算就可赚取 5.8%，假设投资者有底仓 4 万股，在 09: 38 以 25.15 元买入 2 万股累计 6 万股，在 09: 53 以 26.61 元卖出 2 万股，此时投资者的底仓没有发生变化还是 4 万股，而投资者的可用现金变多了，增加了 29200 元（不计算手续费）。

计算公式：（26.61-25.15）×20000=29200（元）

在 15 分钟内投资者可以赚取 29200 元差价，这要远比投资者持股不动要好很多，当股价处于调整时投资者就可以赚取每天的差价来扩大自己的收益，从而享受交易乐趣。不过投资者此时一定很关心笔者为什么要在 09: 38 以 25.15 元做正向操作，其实答案很简单，就是我们刚才提到的黄金分割回调买卖策略，请看图 2－3。

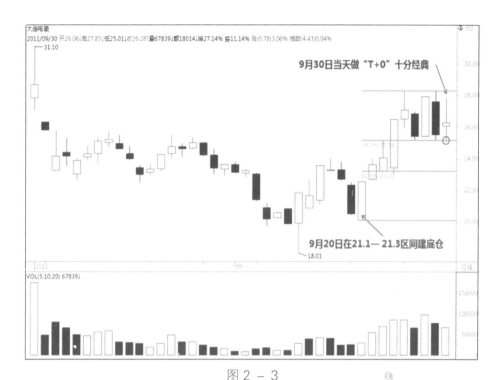

图 2 - 3

如果对之前这波上涨来一个黄金分割线，投资者就会发现，在 09：38 该股正好回调到之前这波上涨的 0.382 的位置，即图中圆圈位置，图中回调 0.382 的价格是 25.14 元，而我们则是以 25.15 元买入，这就是我们为什么要在这里对其进行正向操作的原因。

学习笔记

再继续看下面两个案例：

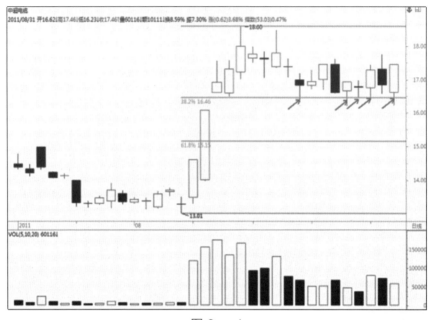

图 2 - 4

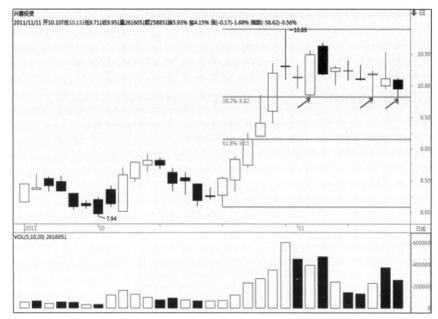

图 2 - 5

这两只股票均在一波上涨后开始出现回调，当它们回调到图中箭头的位置就神奇般地弹了上去，每天赚取 3% 到 5% 自然是没有问题了。投资者知道为什么两只股票当回调到箭头位置就会神奇般地弹上去吗？因为图中箭头的位置就是这波上涨回调到 0.382 的价格，是给投资者做正向操作的绝佳机会。投资者仔细看两个案例，自从股价第一次回调到 0.382 时，在以后的时间里股价几乎没有发生太大的变化始终持续横向调整，如果投资者在持股的基础上做"T+0"交易，不仅不会被盘中的跳水吓得抛出手中的股票，反而心态会很好。箭头所指的五个低点都可做正向操作，赚取的差价，相比持股不动要好很多，此时就体现出"T+0"交易在投资实战中的优势，只要投资者能够遵守纪律与原则，那么手里的股票是涨也开心，跌也开心，如图 2 − 5 箭头标注处。

接下来，我们再多看一些实战案例，以增强读者朋友在这方面的盘面认识。

案例：哈尔斯（002615）

图 2 − 6 是哈尔斯 2011 年 11 月份的走势图，股价经过一段连续上攻之后，进入了短期的调整，投资者此时如果是持股不动，不仅利润没有增长反而会被它每天的波动弄得提心吊胆，最好的应对策略就是在持股的基础上做

"T+0"操作。在图2－6中投资者可以从这
波上涨的最高点到最低点画一个黄金分割，图
中圆圈当天盘中所处位置正是哈尔斯之前上涨
回调0.382的位置，此时正是投资者对它做正
向操作的时候。下面看看哈尔斯在当天盘中的
分时图走势，如图2－7所示。

　图中圆圈位置，正好是黄金分割回调
0.382位置，这是做正向操作的绝佳时机，投
资者应当果断买入，不要犹豫，当天就可赚取
4%～5%的差价。

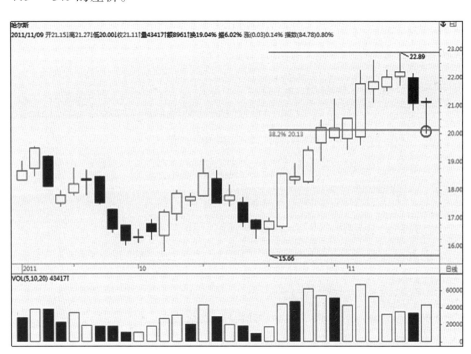

图2－6

图 2 - 7

## 【黄金分割的起点与终点应如何选取】

黄金分割的取点，熟悉波浪理论的投资者自然会很轻松地回答这个问题，而对于不太熟悉波浪理论的投资者，笔者给出以下 3 种方法便于投资者取点。

当前一波上涨明显是一波比较干脆利落的上涨，现在出现回落，画黄金分割的取点就用回落前的最高点与这波上涨的最低点来取点。

当前一波上涨过程中有一次明显的调整，现在出现回落，画黄金分割的取点就用回落前的最高点与这波上涨的次低点来取点。

当前一波上涨过程中有两次明显的调整，现在出现回落，画黄金分割的取点就用回落前的最高点与这波上涨的最低点来取点。

黄金分割通常回调 0.382 和 0.618 都会获得支撑，这种现象是普遍存在的，并不是个别现象。因为这是由市场参与者的合力造成的，如果不能获得支撑，则说明市场的参与者根本不认同这个价格。究竟是什么原因造成市场的参与者对当前价格不认同呢？这里笔者向投资者提供一个思路仅作抛砖引玉：投资者要明白在上升趋势中，股价的调整行为是针对之前上涨的修正。反之，在下降趋势中，股价的反弹是对之前下跌的修正。投资者要想获得有用的支撑，就要明白当前调整是针对哪一波上涨的修正。如果投资者取点都取错了，支撑位也就找错，那么你用黄金分割买卖策略就 T 不到手上的股票。

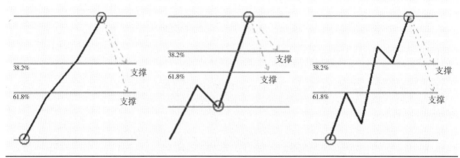

图 2 - 8

# 【做"T+O"操作，用黄金分割买卖策略如何买入】

做"T+O"买入方式有两种，一种是挂单买入，比黄金分割的价格高一点买入，一般高出的比例在 1% 以内。例如下方 0.382 黄金分割的价格是 10.05 元的话，挂单买入的价格区间为 10.06 元至 10.15 元，具体挂低一点还是挂高一点价格，有几个考虑因素：

A．根据个人的风格而定，保守的投资者就挂比黄金分割支撑位的价格高一分钱，激进的投资者就挂比黄金分割支撑位的价格高 1%；

B．根据目标股是否漂亮而定，如果是一个很漂亮的回调，我宁愿花多 1% 去买，都不想因为低了几分钱而买不到，如果是一般般的机会，就只比支撑价格高一分钱就行。

C．根据大盘环境而定，大盘行情好，可以宽松一点进场，大盘不好，一定要严格进场，也就是我以前常说的在当大盘不好的时候，做短线要遵守"严进宽出"的原则。

这种挂单方式买入的优点是：容易执行，心态也轻松，挂了单等着就是了，成交了就成，成交不了就算；缺点是有时采取保守的低挂单，可能盘中差了几分钱而成交不了，错过

学习笔记

获利机会，另一个缺点是刚开盘挂单就已经将价格与数量固定了，没有将当天的盘面异动考虑进去，一旦大盘出现系统性的风险，本应暂时不买入或者减少仓位买的，都按之前的判断全买。

做"T+0"的另一种买入方式是到了支撑位附近根据盘面特征择机用现价买入，这种方式的优点是可以根据盘面来决定这笔操作是买入还是不买入，是多买还是少买些，而且买入的时候有可能买到更低的价格。这种买入方式的缺点是需要投资者有较深的看盘功力，需要综合运用分时图、成交量、市场盘面特征等才能做出最优的决定。综合上述两种买入方式的特点，对于刚开始学习操作"T+0"的投资朋友，强烈建议用挂单的方式去买股票。

## 【如何使用黄金分割买卖策略做"短线咬一口"】

黄金分割买卖策略与其他"T+0"买卖策略一样，不仅可操作日内"T+0"，也可以进行波段交易以及"短线咬一口"，投资者在持股的过程中可以通过"T+0"各买卖策略来寻找短期的压力与支撑，对其进行适当的正向操作与反向操作来扩大收益。对于没有太多时间进行交易的投资者，波段操作自然是不错的选择，投资者可以通过黄金分割买卖策略对一个较大级别的上涨趋势寻找支撑，当价格回调到位，在相对的波段低点买入。

在实战中有时会遇到这种情况，找到几个很漂亮回调到黄金分割0.382 位置的个股，通常都会探底回升，收盘价远远收高，这个时候由于没有此股的底仓，我们就不能做它的"T+0"，但可以做它的"短线咬一口"，以黄金分割 0.382 的位置买入。通常当天买入，到收盘浮动利润都有好几个点以上，次日找机会卖出，这种操作就是"短线咬一口"。

## 【如何使用黄金分割买卖策略做波段操作】

用黄金分割法，除了可以做"T+0"操作，咬一口，也可以用在波段操作，如图 2 － 9 所示：

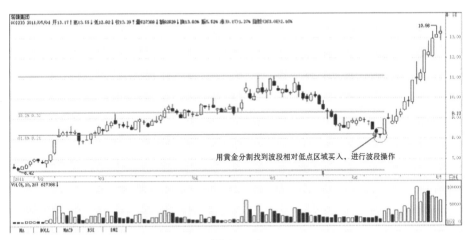

用黄金分割找到波段相对低点区域买入，进行波段操作

图 2 － 9

塔牌集团（002233），2011 年 1 ~ 4 月有一波上涨行情。如果你看好它未来中线还有向上的空间，你完全可以耐心等待它回调到位的时候，在波段相对的低位区域买入，中线持有，参与它的第二波中线行情，通常要参与这种中线个股的回调，都要等 0.618 的黄金分割位。看图 6

月 13 日就可买入，6 月 14 日那天盘中放量涨停，盘中就可找机会加仓。

## 【一波下跌后的反弹，使用黄金分割法找反弹的高点】

一波下跌后的反弹，可以使用黄金分割法找到上涨的压力位，找出来可以做波段的高抛，如果个股长线持有，也可以做反向操作。如图 2－10 所示，用黄金分割法找到了之前一波下跌反弹的压力位，箭头所指位置就可卖出。

图 2－10

最后，我们多看一些案例，增加大家对黄金分割法的感性认识。

图 2 - 11

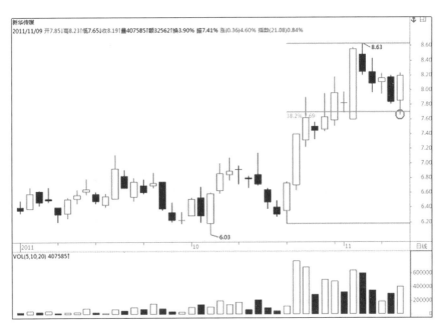

图 2 - 12

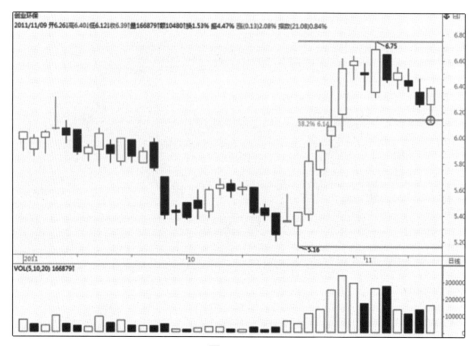

图 2 - 13

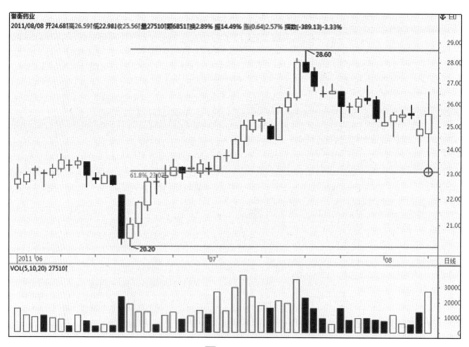

图 2 - 14

图 2 - 15

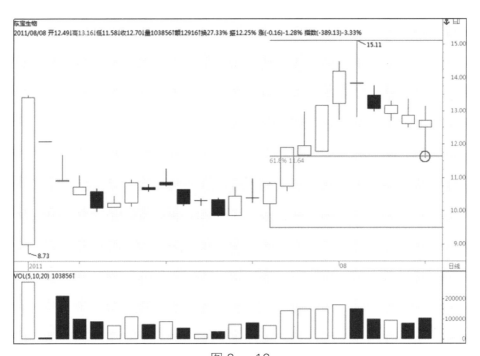

图 2 - 16

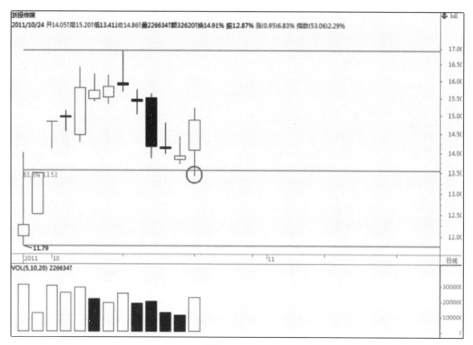

图 2 - 17

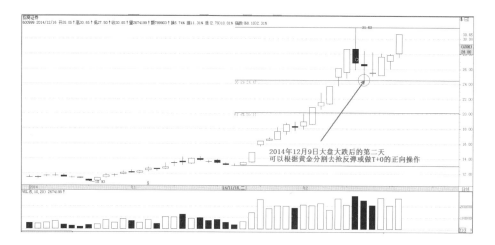

图 2 - 18

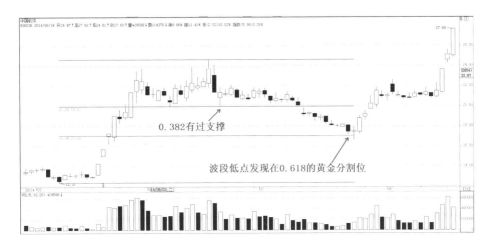

图 2 - 19

### 思考题

1.用黄金分割法买卖策略做个股的"T+0"正向操作，买入之后该如何卖出？是固定百分比2%、3%、5%，还是根据盘面？

2.在实战中，你会发现，有些情况下使用黄金分割法效果是不好的，那么在什么情况下，黄金分割法的效果好，在什么情况下效果不好？

# 二、波浪尺买卖策略

## 【概述】

波浪尺是笔者长期运用波浪理论找上涨压力位或者下跌支撑位时经常用的工具。基于对波浪理论有着深入的研究与大量的实战经验，笔者独创了波浪尺买卖策略，用在做"T+0"时找压力位（反向操作）或支撑位（正向操作）效果很好，在做"T+0"时使用频率极高，跟黄金分割法一样十分频繁。

学习笔记

## 【基本应用】

波浪尺的最基本应用，是用在当个股之前涨了一波，经过调整之后，现在明显要涨第二波，这个时候就可以用波浪尺来找未来上涨可能的压力位。假设第一波上涨是涨了 1 个单位的话，那么未来第二波从起点（也就是调整的终点）开始算，未来上涨至 0.618、1、1.382、1.618、2、2.382、2.618 等单位时都可能产生压力。这些压力有可能是大压力，会形成波段的高点；压力有可能是小压力，碰到某个比例线后回落，但很快又冲破创新高；压力也有可能只是个日内级别的小压力，当天碰到某个比例线后回落，但收盘前又继续向上冲，突破创新高。我这里要指出的是，股价碰到这些比例线，不管是大压力还是小压力，甚至可能只是一个盘中的小压力，盘中的回落的概率都十分高。我们知道这个规律的话，做"T+0"时，就可以应用波浪尺做个股的反向操作。为了更好地说明问题，我举一个实战操作过的案例给读者朋友分享。如图 2 — 20 所示：威海广泰（002111），2012 年上半年，它第一波上涨从 6.95 元涨至 9.35 元，涨了 2.40 元。然后展开了一波调整，调整最低到了 7.85 元（3 月 26

日），次日出现涨停，量能持续明显放出来，这种出现大阳以及量能明显放出来的特征，就可以代表要展开第二波进攻（注：是代表概率要展开第二波上攻，但不是一定）。

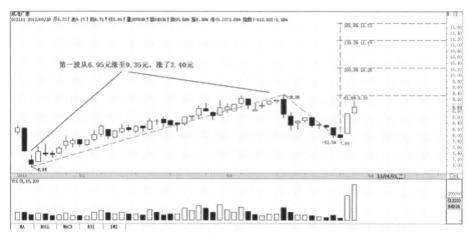

图 2 - 20

根据波浪尺的计算方法，未来股价到 9.33 元、10.25 元、11.17 元、11.73 等价格时就是压力位，做盘中"T+0"就可以据此做反向操作，上述价格对应的是 0.618、1、1.382、1.618 的比例，计算如下：

7.85+2.40×0.618=9.33 元；

7.85+2.40×1=10.25 元；

7.85+2.40×1.382=11.17 元；

7.85+2.40×1.618=11.73 元；

……

在我们使用的软件中，就可以轻松而且准确地画出上述各个比例线，方便我们盘中做决策与分析，如图 2 — 20 中所画的波浪尺比例线，水平的虚线就是各压力位。

画出波浪尺之后，假设其他的买卖策略暂时不用，只用一个波浪尺的策略，你也可以轻松"T+0"，如图 2 — 21 所示。

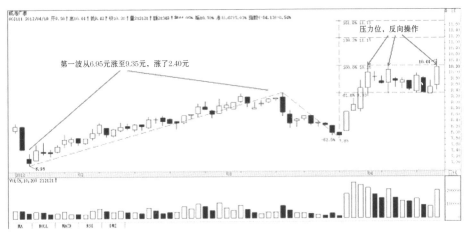

图 2 - 21

　　图上 3 个箭头所标的位置，股价均是在波
浪尺 1 倍的比例线遇到压力，当天做反向操作
（注：有的是当天到了波浪尺压力位，我们高
抛之后，当天买回来，这就是我们"T+0"的
反向操作；有的是当天尾盘才碰到波浪尺压
力位，我们高抛之后次日才低买回来，这种
情况就不是"T+0"）。额外值得一提的是，
在 2012 年 3 月 30 日，当天股价放量上攻，在
分时图看是直接冲过 9.33 元（0.618 倍的比例
尺），而没有盘中回落，这种情况如果你当天
做了"T+0"的反向操作，应该是不成功的，
因为你高抛之后，直到收盘都不出现更低的价
格让你买回来。当然在实际操作中，我们会综
合应用本书所教的各种买卖策略而及时过滤掉
一些可能效果不好的操作。

学习笔记

## 【压力与支撑互换】

压力位与支撑位是可以互换的，一旦压力位被有效突破就会变成支撑位，反之支撑位被有效跌破也会变成压力位，这种规律在波浪尺的应用中也很常见。运用这个规律，在上述威海广泰（002111）的案例之中，用波浪尺除了可以做反向操作之外，还可以做几个正向操作，如图 2 - 22 所示。

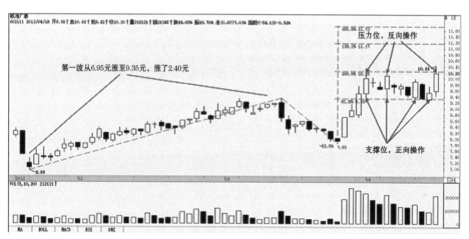

图 2 - 22

下面我们再看一些案例，如图 2 — 23 所示，这是 2011 年 8 月的登海种业（002041）。

这只股票也是很好做"T+0"的，每天都可以做，我是 8 月 3 日在 21.90 元至 22.20 元区间建底仓，就以 8 月 8 日为例用放大镜把它放大看看当天是怎么操作的，如图 2 — 24。

学习笔记

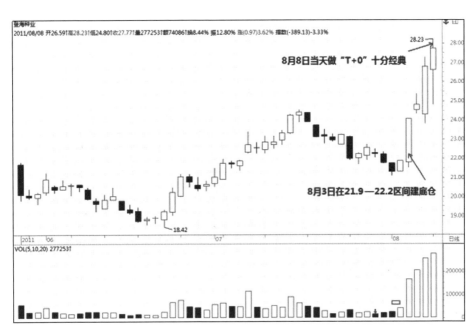

图 2 - 23

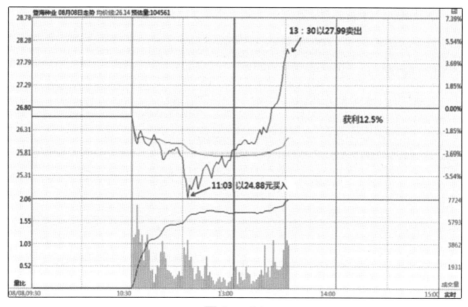

图 2 - 24

11: 03 笔者以 24.88 元做正向操作，到了 13: 30 以 27.99 元将其平掉，在 1 个半小时内获利赚取 12.5%，比当天抓一个涨停板还要过瘾。笔者假设投资者有底仓 4 万股，在 11: 03 以 24.88 元买入 2 万股累计 6 万股，在 13: 30 以 27.99 元卖出 2 万股，此时投资者的底仓还是 4 万股，而投资者的股票账户的可用现金却增加了 62200 元（不计算手续费）。

计算公式：（27.99-24.88）×20000=62200（元）

此时投资者很关心的就是笔者为什么要在11: 03 以 24.88 元做正向操作，其实答案很简单，请看图 2 — 25。

在 11: 03 该股正好回调到波浪尺 0.618 倍的位置，即图中圆圈位置。之前这个价格是压力位，被冲破了之后现在变成支撑位，0.618 的价格是 24.87 元，这就是笔者为什么要在这里进行正向操作的原因。

再看下一个案例，图 2 — 26 是 2011 年 10 月份的中青宝（300052）。当这只股票有效突破波浪尺 0.618 倍压力位后进入了横盘整理，波浪尺 0.618 倍比例线变成了支撑位，上方短线压力位是波浪尺 1 倍比例线，整个横盘整理就被夹在波浪尺 1 倍与 0.618 倍之间。

图 2 — 25

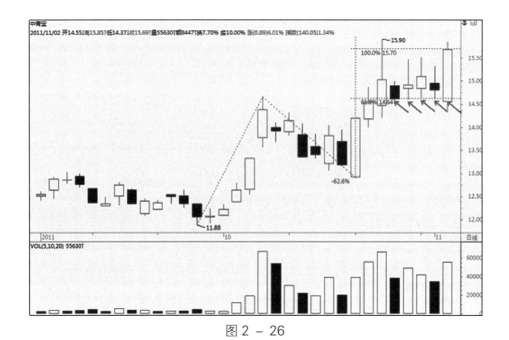

图 2 — 26

如果投资者学会了波浪尺买卖策略，那么在这段调整期间投资者不仅不用担心股价日内的涨跌，反而可以轻松在持股的过程中做"T+0"，每天赚取差价，扩大收益。

再继续看下面这个案例，如图 2 — 27 所示。

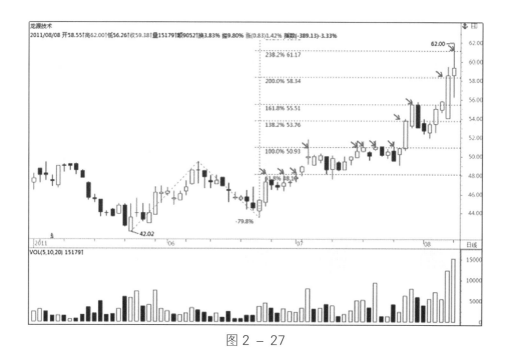

图 2 - 27

图 2 - 27 案例是 2011 年 6 月的一只股票龙源技术（300105）。从图中投资者可以很清楚地看到波浪尺的压力位与支撑位的互换，如果投资者掌握了这个技巧那么在操作日内"T+0"时会很轻松找到当前股价的压力位与支撑位。

投资者要习惯在压力位做反向操作，普通投资者在股价上涨特别在急涨的时候是很不情愿卖出的，而"T+0"交易者会习惯在急涨的时候做反向操作。现在我们展示一些反向操作的案例。

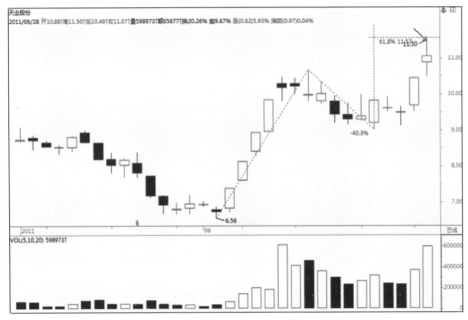

图 2 - 28

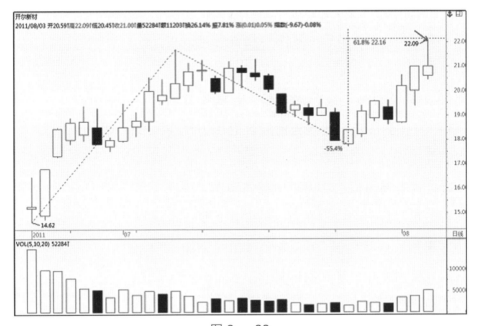

图 2 - 29

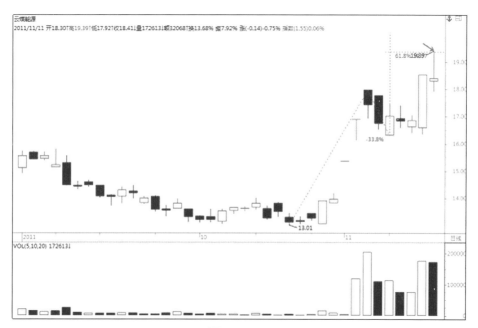

图 2 - 30

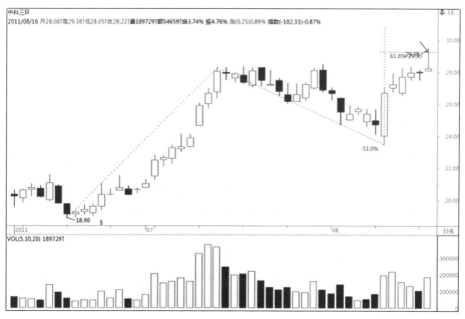

图 2 - 31

## 【做"T+0"操作，用波浪尺买卖策略如何买入】

跟黄金分割法买卖策略的思路一样：一种是挂单买入，比波浪尺的支撑位高一点买入，一般高出的比例在1%以内；另一种买入方式是到了支撑位附近根据盘面特征择机用现价买入。详细要点请参考上一章黄金分割策略相关表述，这里不再重复。

## 【两个特别要留意的比例】

学习并使用波浪尺，1.618与2.618倍这两个比例，大家要特别留意，因为大量的历史统计发现，这两个比例相对其他比例，有更高概率让股价形成波段的高点，如图2－32，2－33，2－34，2－35。

学习笔记

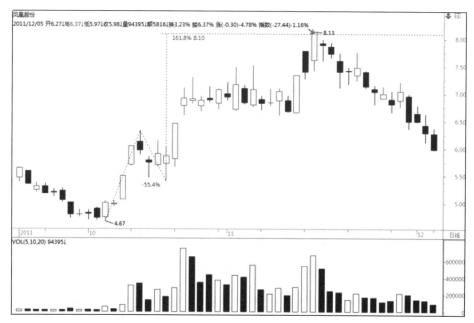

图 2 - 32

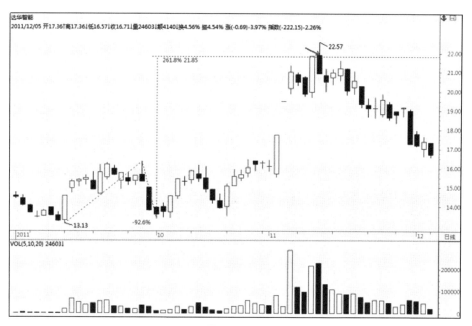

图 2 - 33

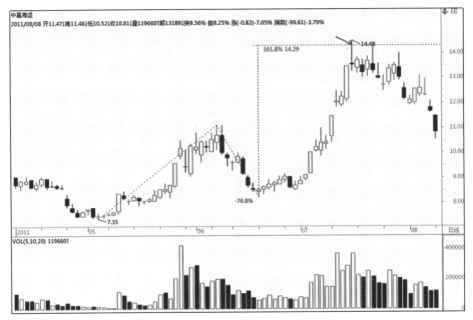

图 2 - 34

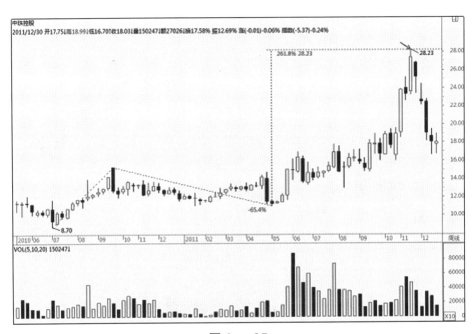

图 2 - 35

## 【波浪尺应用在"短线咬一口"】

在看盘中，当一些很好的短线机会出现时，如果你没有这个股的底仓，肯定是做不成"T+0"的，但可以短线参与，咬它一口。如图 2 — 36 所示：中视传媒（600088）。

中视传媒在一段连续上涨之后经过充分的调整，现在已经展开第二波上涨，此时投资者可以从第一波上涨的起点向终点再到第二波上涨的起点画一个波浪尺，根据波浪尺的规律做反向操作与正向操作。10 月 24 日中视传媒在当天盘中正好回调到波浪尺 0.618 倍的比例线上得到支撑，这个比例线原来是压力位，一旦冲破之后回调时，价格再次回落此价格时正是做正向操作的好机会。如果我们没有底仓，就短线参与，咬一口，图 2 — 36 中圆圈位置就是短线买入点。我们看看它当天的分时图走势，如图 2 — 37 所示。

学习笔记

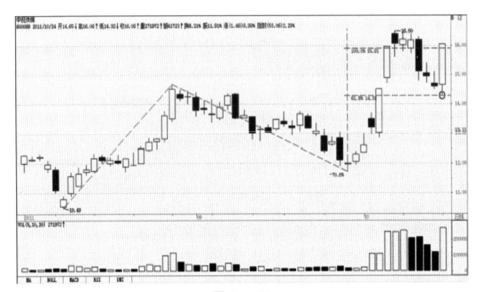

图 2 - 36

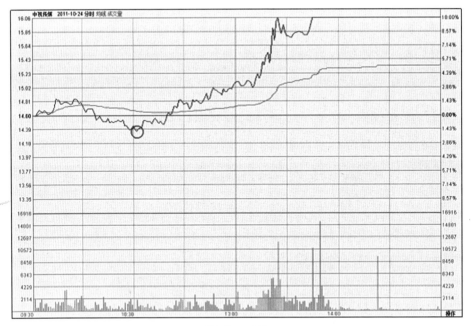

图 2 - 37

我们会买到这个股当天的差不多最低价，如果是咬一口，当天买入就可浮动获利11%，次日不管涨跌都可以获利出局。

## 【关于波浪尺的取点】

在我们画上涨的波浪尺中，第二波上涨的幅度是通过第一波上涨的幅度计算出来的，所以第二波上涨的起点不能比第一波上涨的起点低。请看图 2 — 38 中左侧为正确的取点画线，右侧为错误的取点画线。

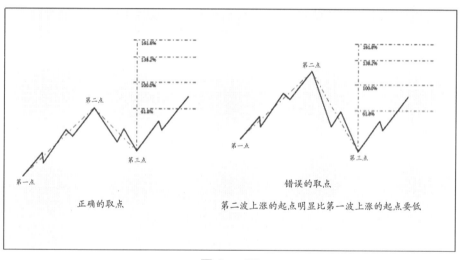

图 2 — 38

# 三、重要 K 线买卖策略

## 【概述】

在本节笔者会给读者朋友介绍如何运用 K 线做"T+0"，而且运用起来十分简单有效，你会发现这个重要 K 线买卖策略十分简单好用。估计你平时看盘也会像我及我的学生一样，习惯地在行情软件中将重要 K 线的压力位与支撑位简单画出来。重要 K 线并不是一些 K 线组合，而是我专门为"T+0"操作提供短线有效压力位与支撑位的重要 K 线。重要 K 线的定义是指：在某个时间段成交量最大的那一根 K 线，这根重要 K 线的最高最低价就有压力或者

学习笔记

支撑，股价回调到重要 K 线会获得支撑，反之股价反弹到重要 K 线会有压力，当股价处于重要 K 线之间则上有压力下有支撑。重要 K 线为我们做 "T+0" 提供简单而有效的参考，压力位就做反向操作，支撑位就做正向操作。

## 【基本应用】

通常股价在重要 K 线区间运行时，是上有压力下有支撑，而当上方的压力被有效突破就会转变成支撑，反之当下方支撑被有效跌破时会转变成压力，简图如下：

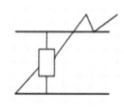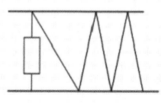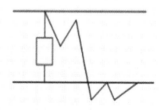

图 2 - 39

我们先来看看一些案例。

在图 2 - 40 中最大成交量的那根 K 线就是这个时段的重要 K 线，在价格没有有效向上或向下突破之前，股价就会徘徊在这根 K 线的价格区间运行，我们可以据此轻松做正向操作和反向操作。在 2011 年 3 月 9 日突破重要 K 线的最高价这个压力位后，这个压力位就变成

支撑位。既然是支撑位，我们就可以据此做正
向操作，如图所示，规律性十分明显，用此策
略做"T+0"真的简单有效。

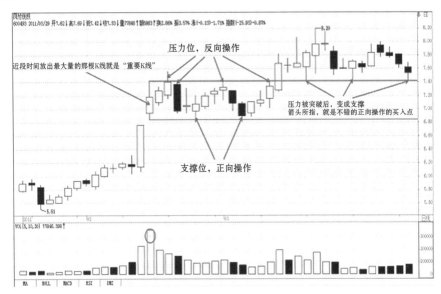

图 2 – 40

我们再看下一个案例：万向钱潮（000559）。

图 2 – 41 是万向钱潮 2011 年 7 月的走
势。这只股票经过一段连续上攻之后，进入了
明显调整期，如果你是做"T＋0"操作的，
你会很喜欢这种震荡。暂时不用别的买卖策
略，单用一招重要 K 线都足够你做 T 的了。
你先要找出图中的重要 K 线，如图中所示近
段时间成交量最大的那一根 K 线就是重要 K
线了，在那根 K 线的最高最低价各画一条射
线，就可以分别找到短线的支撑位与压力位。
图中 3 个箭头所示的位置都可以做正向操作。

学习笔记

我们以 7 月 26 日那天的操作为例，即图 2 —
41 中第 2 个箭头所指，当天股价盘中回调到
重要 K 线的支撑附近（重要 K 线的最低价是
9.09 元），此时正是我们对它做正向操作的最
好机会。下面看看万向钱潮在 7 月 26 日当天
盘中的分时图走势，如图 2 — 42 所示：

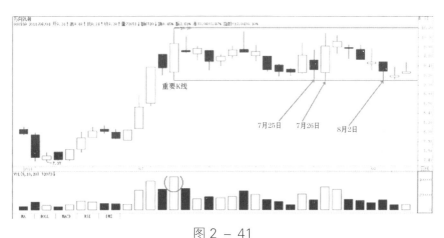

图 2 — 41

图 2 — 42

当天股价最低打到 9.07 元，如在上图中圆圈位置所处，正好是重要 K 线的位置附近。我们做正向操作，买入价是 9.10 元，差不多可以买入全天的最低价，当天最大可赚取 10% 至 11% 的差价。

## 【用重要 K 线具体如何正向操作或反向操作】

跟之前提到的技巧一样，如果是买入有两种方式：一种是挂单买入，比重要 K 线的支撑位高一点买入，一般高出的比例在 1% 以内；另一种买入方式是到了支撑位附近根据盘面特征择机用现价买入。如果是反向操作，卖出也同理。详细要点请参考上一章黄金分割法的相关表述，这里不再重复。

我们多看一些案例，增加大家对重要 K 线的感性认识。

图 2 – 43

图 2 – 44

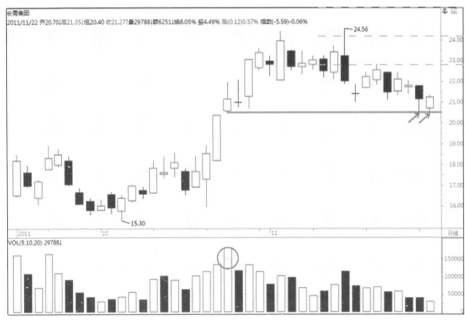

图 2 - 45

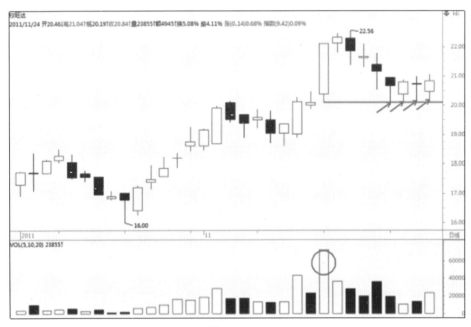

图 2 - 46

图 2 - 47

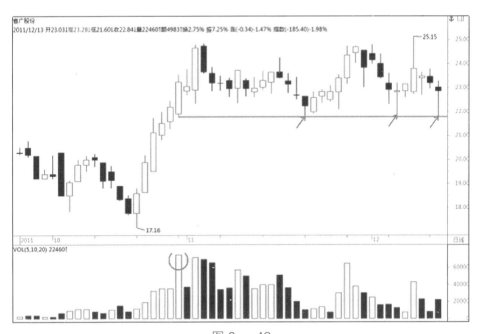

图 2 - 48

## 思考题

1.画重要K线的最高价与最低价，为什么我是采取射线，而不是水平线或者线段？

2.做"T+0"时，用重要K线正向操作买入之后如何卖出？或者做反向操作卖出之后如何买回来？

# 四、重要均线买卖策略

## 【概述】

均线使用在技术分时应用中十分普通，使用方式也很多，例如用MA（简单移动平均线）、也有用EXPMA（指数平滑移动平均线）或者其他等等。均线里面的参数也有两种流派，有的用软件默认的参数，如5、10、20、30、60、120、240，有的用菲波纳契神奇数字做参数，如5、8、13、21、34、55、89、144、233。大量的历史统计与多年的实战看盘经验告诉我，任何一种均线和任何一套均线的参考都是有价值的，关键是你会不会用。在

学习笔记

本节中，笔者侧重教你如何将均线快速、高效、简单地应用在"T+0"领域中，你会发现原来均线是有规律的，而且以后使用起来你会觉得很简单。

## 【基本应用】

在上述众多使用均线的流派中，任何一种使用均线的方式都是有参考的，在这里我们简单地以MA（简单移动平均线）为例，参数用很多软件都默认的参数：5、10、20、30、60、120、240天。如何应用呢？我们在"T＋0"中只使用重要均线。什么是重要均线呢？重要均线的定义是：现在至过去的一段时间里，对股价有明显规律的那一条或多条均线就是我们所说的重要均线。那条均线对股价有明显的支撑或者压力就是对股价有明显规律。利用重要均线对股价的支撑或压力，我们做"T+0"就可据此做正向与反向操作。

下面来看一个案例，增加一下感性认识，了解一下重要均线买卖策略是怎么一回事。如图 2 — 49 所示，这是 2011 年 10 月的凤凰股份。

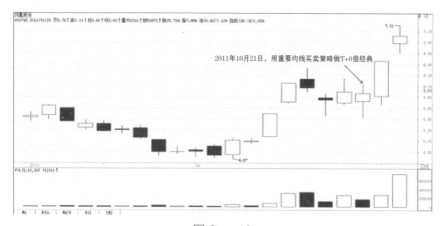

图 2 — 49

这只股票是很好做"T+0"的，几乎每天都可以做，我们以 10 月 21 日为例用一个放大镜把它放大看看笔者当天是怎么操作的，如图 2 - 50。

笔者 09: 34 以 5.45 元对该股做了正向操作，到了 14: 15 根据另外一种买卖策略以 6.01 元将其平掉。如果用百分比计算就可赚取 10.2%，假设投资者有底仓 4 万股，在 09: 34 以 5.45 元买入 2 万股累计 6 万股，在 14: 15 以 6.01 元卖出 2 万股，此时投资者的底仓没有发生变化还是 4 万股，而投资者的可用现金变多了，增加了 11200 元（不计算手续费）。

计算公式：（6.01-5.45）× 20000 = 11200（元）

投资者当天就可以赚取 11200 元差价，这要远比投资者持股不动要好很多，当股价处于调整时投资者就可以赚取每天的差价来扩大自己的收益，从而享受交易乐趣。不过投资者此时一定很关心笔者为什么要在 09：34 以 5.45 元做正向操作，其实答案很简单，请看图 2 - 51。

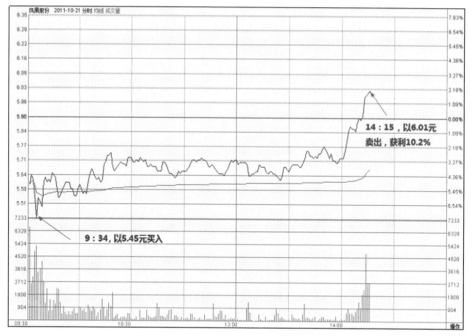

图 2 - 50

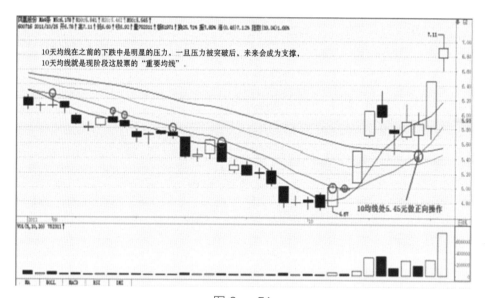

图 2 - 51

如果投资者将均线叠加到图形上，就会发现在 09：34 凤凰股份正好回调到 10 天均线的位置，投资者仔细看图中 10 天均线对之前下跌有着很明显的压力位，一旦压力被突破后，未来会成为支撑位，10 天均线就是现阶段这只股票的"重要均线"。这就是笔者为什么要在这里对其进行正向操作的原因。

我们再看下一个案例：兰花科创（600123）。

图 2 — 52 是兰花科创 2011 年 7 月的走势。经过一段连续上涨之后，进入调整，投资者此时如果是持股不动，不仅利润没有增长反而会被它每天的波动搞得心情不畅，如果投资者对该股继续看好就应该在持股的基础上每天做"T+0"，获取差价。暂时别的买卖策略不用，只用重要均线买卖策略你也可以轻松做它的"T+0"。首先，要找出此时的重要均线，很明显在图 2 — 52 中 30 天移动平均均线对股价有规律，曾经有过明显的压力，冲破了之后，会成为支撑。7 月 27 日兰花科创在当天盘中正好回调到 30 天移动平均均线的位置，即图中箭头所处位置，并且在收盘前就已经反弹上去。下面看看兰花科创在当天盘中的分时图走势，如图 2 — 53 所示。

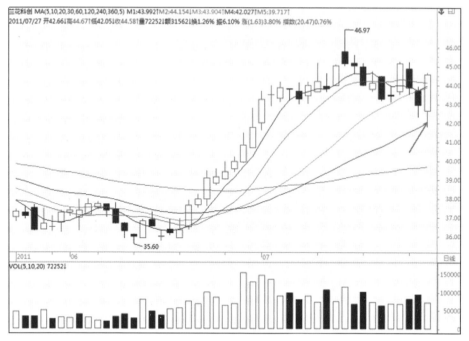

图 2 - 52

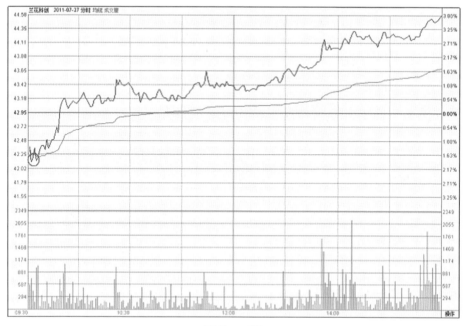

图 2 - 53

在图 2 — 53 中圆圈位置处，正好是回调 30 天移动平均均线的位置，这是做正向操作的绝佳时机，投资者应当果断买入，不要犹豫，当天就可赚取 5% ~ 6% 的差价。

## 【用重要均线具体如何正向操作或反向操作】

跟之前提到的技巧一样，如果是买入有两种方式：一种是挂单买入，比重要均线的支撑位高一点买入，一般高出的比例在 1% 以内；另一种买入方式是到了支撑位附近根据盘面特征择机用现价买入。如果是反向操作，卖出也同理。详细要点请参考上一节黄金分割法相关表述，这里不再重复。

接下来，我们多看一些案例，增加大家对重要均线的感性认识。

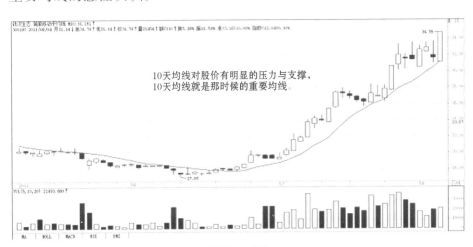

10天均线对股价有明显的压力与支撑，
10天均线就是那时候的重要均线。

图 2 — 54

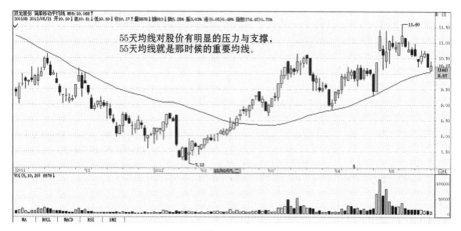

图 2 - 55

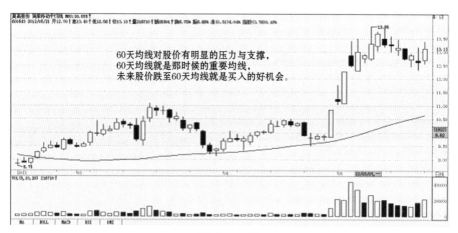

图 2 - 56

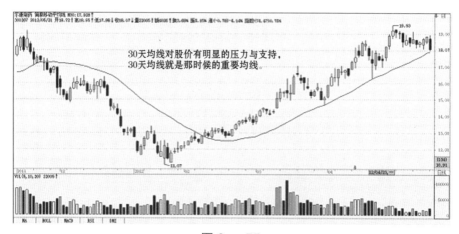

图 2 - 57

**思考题**

这段时间找出来的重要均线是只有一条还是可以多条？

做"T+0"时，用重要均线正向操作买入之后如何卖出？或者做反向操作卖出之后如何买回来？

# 五、形态买卖策略

## 【概述】

在技术分析领域，图形形态是一种很常见的买卖策略，在我们做"T+0"中，可利用一些常用的形态协助我们找出支撑位与压力位，这样就可以在支撑位做正向操作，在压力位做反向操作。在做"T+0"，我们主要常用的形态有上升通道、下降通道、箱体、三角形。

学习笔记

## 【基本应用】

在做"T+0"时，我们主要常用的形态有上升通道、下降通道、箱体、三角形。具体使用如下：

上升通道：只用下轨的支撑，做正向操作或者咬一口；

下降通道：只用上轨的压力，做反向操作或者卖出做空；

箱体与三角形：既用下轨的支撑，做正向操作或者咬一口；也用上轨的压力，做反向操作或者卖出做空。

图 2 - 58

图 2 - 59

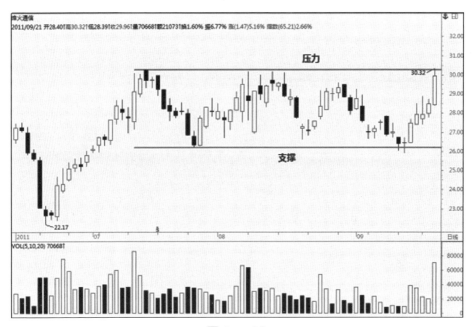

图 2 - 60

图 2 - 61

简单地了解完常见的图形形态后，先来看一个案例增加一下感性认识，了解一下形态买卖策略是怎么一回事。如图 2 - 62 所示，这是国海证券 2011 年 9 月份的走势。

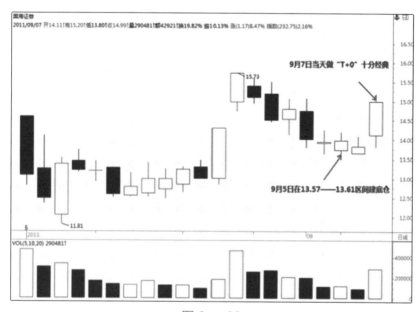

图 2 - 62

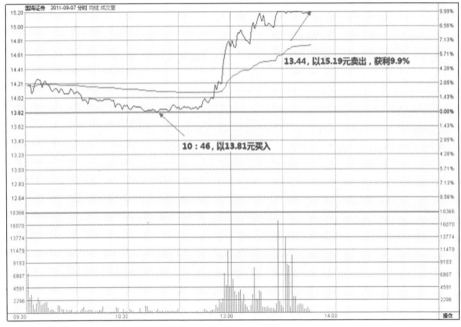

13.44，以15.19元卖出，获利9.9%

10：46，以13.81元买入

图 2 - 63

该股几乎每天都可以做"T+0"。以 9 月 7 日为例用一个放大镜把它放大看看笔者当天是怎么操作的，如图 2 - 63。

10: 46 笔者以 13.81 元对该股做了正向操作，到了 13: 44 以 15.19 元将其平掉。如果用百分比计算就可赚取 9.9%，笔者假设投资者有底仓 4 万股，在 10: 46 以 13.81 元买入 2 万股累计 6 万股，在 13: 44 以 15.19 元卖出 2 万股，此时投资者的底仓没有发生变化还是 4 万股，而投资者的可用现金变多了，增加了 27600 元（含税和手续费）。

计算公式：（15.19-13.81）× 20000 = 27600（元）

学习笔记

当天投资者可以赚取 27600 元差价，这要远比投资者持股不操作要好很多，当股价处于调整时投资者就可以赚取每天的差价来扩大自己的收益，从而享受交易乐趣。不过投资者此时一定很关心笔者为什么要在 10: 46 以 13.81 元做正向操作，其实答案很简单，请看图 2 — 64。

如果对之前这波上涨的两个低点画一条趋势线，投资者就会发现，在 10: 46 该股正好回调到之前这波上涨趋势线的位置，即图中圆圈位置，这就是笔者为什么要在这里对其进行正向操作的原因。接下来再多看一些案例，多了解一些在实战中的应用。

图 2 — 64

案例：开尔新材（300234）

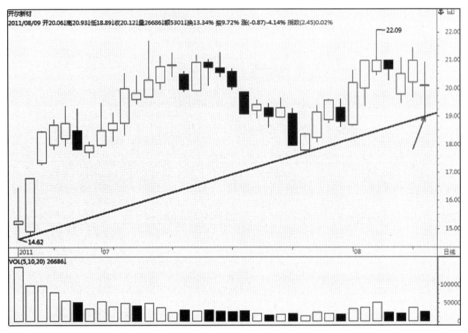

图 2 - 65

图 2 - 65 是开尔新材 2011 年 8 月份的走势。该股明显走出一个上升通道，投资者将它之前上涨的两个低点画一条趋势线，8 月 9 日开尔新材在当天盘中正好回调到之前这波上涨的趋势线的位置，即图中箭头所处位置，并且在当天股价就已经反弹上去。下面看看开尔新材在当天盘中的分时图走势，如图 2 - 66 所示。

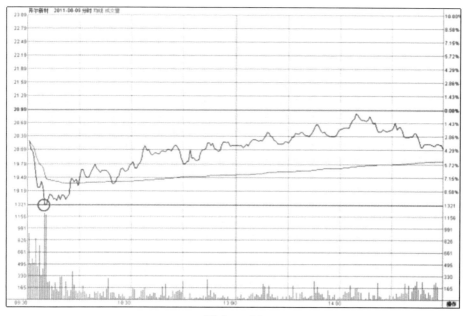

图 2 – 66

在图 2 – 66 中圆圈所处位置，正好是之前这波上涨的趋势线的位置，这是做正向操作的绝佳时机，投资者应当果断买入，不要犹豫，当天就可赚取 7% ~ 9% 的差价，再继续看下一个案例。

## 【要注意形态会有不同级别】

画形态的压力与支撑位，要注意形态会有不同级别，只要是明显的形态，都可以画出来，以便找出压力位与支撑位，为我们做"T+0"操作提供参考。如图 2 – 67 所示，形态是一个小级别的上升通道（2010 年 7 月至 10 月），

但从一个大级别来看，是一个下降通道，所以这两种级别都需要应用起来，上升通道就画下轨，下降通道就画上轨。策略上就是到了下轨就以正向操作为主，到了上轨就以反向操作为主。

图 2 - 67

## 【用形态买卖策略具体如何正向操作或反向操作】

跟之前提到的技巧一样，如果是买入有两种方式：一种是挂单买入，比形态的支撑位高一点买入，一般高出的比例在 1% 以内；另一种买入方式是到了支撑位附近根据盘面特征择机用现价买入。如果是反向操作，卖出也同理（详细要点请参考前一节黄金分割法中相关表述，这里不再重复）。

我们多看一些案例，增加大家对形态买卖策略的感性认识。

学习笔记

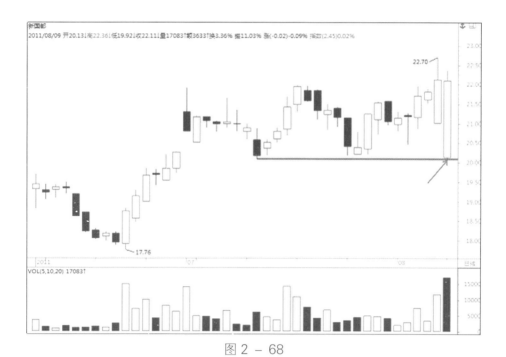

图 2 - 68

图 2 - 69

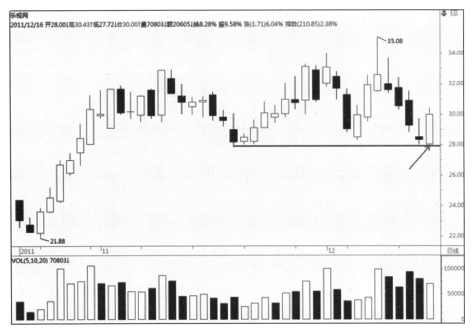

图 2 - 70

图 2 - 71

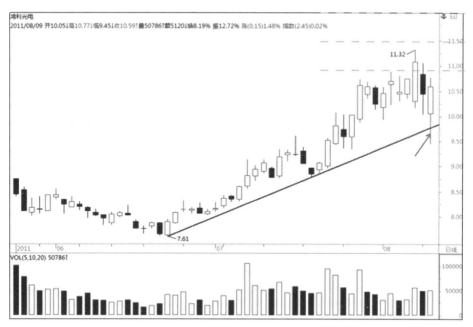

图 2 - 72

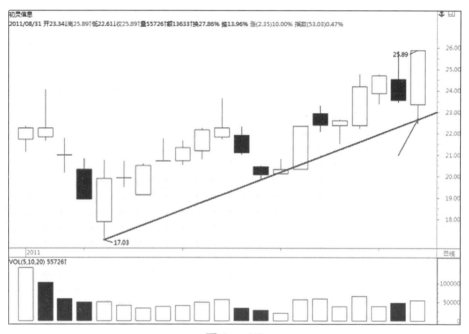

图 2 - 73

现在学完本节，相信投资者已经对形态买卖策略有了一定的理解，在实战中形态买卖策略是很常用的一种策略，投资者应多总结一些规律来增加一些盘感。

学习笔记

## 思考题

1.什么样的形态支撑或压力的效果最好？

2.如果画形态线时，例如画上升通道的下轨，如果几个低点不能画在同一条直线上，那么此下轨该怎么画出来？

3.做"T+0"时，用形态正向操作买入之后如何卖出？如果当天没有足够的差价，能否留到次日再卖出？

# 六、江恩角度线买卖策略

## 【概述】

在投资技术分析理论体系中，江恩理论是最为深奥复杂的，除了波浪理论，笔者还十分喜欢研究江恩理论，特别是研究这些理论如何应用于国内 A 股操作之中，以后会陆续出版相关书籍分享研究心得。在本节中，我们不可能给读者详细讲解江恩理论，只介绍江恩理论中的江恩角度线，而且我会化繁为简，教会大家快速学会如何用江恩角度线来给我们做"T+0"提供简单而有效的操作。

江恩角度线即甘氏线，是江恩理论中最直

学习笔记

观反映时间与价位相互关系的工具。江恩认为时间等于价位，价位等于时间，时间与价位可以相互转换，"当时间与价位形成四方形，市场转势便迫在眼前"。江恩角度线是由时间单位和价格单位定义价格的运动，每一角度线由时间和价格的关系所决定，从重要的高点或低点延伸并画出的，分为上升角度线与下跌角度线，一般有九条角度线，提供支撑、压力作用，其符号由"T×P"来表示，即"时间 × 价格"。

江恩角度线的意义在于时间与价位的完美结合，依据时间与价位的比率关系制作出各种角度线。其基本比率为 1：1，即一个单位时间对应一个价格单位，为 1×1 线。此外还分别以 3 和 8 为单位进行划分，这些角度线构成了回调或上涨的支持位和阻力位。其中 1×1 线表示一个时间单位与一个价位单位相等，1×2 线表示一个时间单位与两个价位单位相等，2×1 线则是两个时间单位等于一个价位单位，以此类推。

## 【基本应用】

江恩角度线的制作：首先寻找一个重要的高点与低点，把它作为绘图的起点，利用江恩角度线（甘氏线）画线工具拉出各条角度线。

例如，股价从一个重要低点上涨到一个重要高点后，开始出现回调，未来当股价回调到这波上涨回调后的 2×1、3×1、4×1、8×1 的位置都可能有明显的支撑，我们就可以在支撑位处做正向操作，如图 2 — 74 所示。

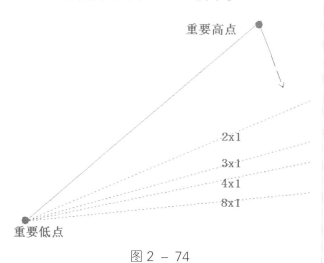

图 2 — 74

同理，股价从一个重要高点下跌到一个重要低点后，开始出现反弹，未来当股价反弹到这波上涨回调后的 2×1.3×1.4×1.8×1 的位置都可能有明显的压力，我们就可以在压力位处做反向操作，如图 2 — 75 所示：

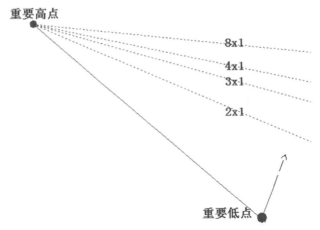

图 2 - 75

下面是江恩角度线在上证指数的应用：

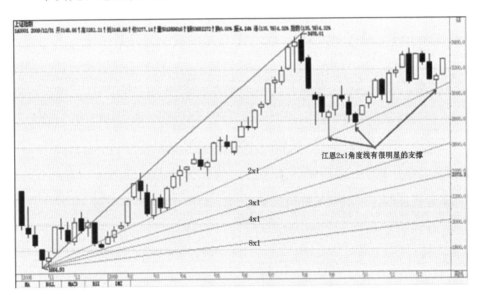

图 2 - 76

下面通过一个案例再增加一些感性认识，如下图是恒信移动（300081）在 2011 年 12 月的走势。

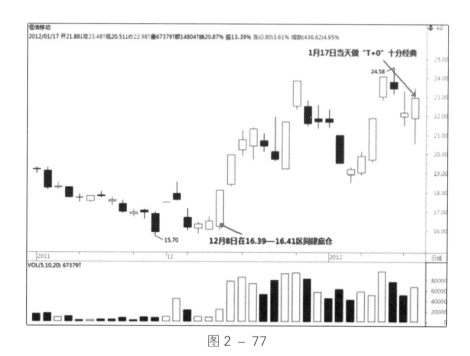

图 2 - 77

以 1 月 17 日为例用一个放大镜把它放大看看当天是怎么操作的，如图 2 - 78。

图 2 - 78

10：31 以 20.64 元 做 正 向 操 作，到 了
14：06 以 23.16 元将其平掉。如果按百分比
计算就可赚取 12%，笔者假设投资者有底仓 4
万股，在 10: 31 以 20.64 元买入 2 万股累计 6
万股，在 14: 06 以 23.16 元卖出 2 万股，此时
投资者的底仓没有发生变化还是 4 万股，而投
资者的可用现金变多了，增加了 50400 元（含
税和手续费）。

计算公式：（23.16–20.64）× 20000 = 50400
（元）

投资者可以赚取 50400 元差价，这要远
比投资者持股不操作要好很多。为什么要在
10: 31 以 20.64 元做正向操作，其实答案很简
单，请看图 2 — 79。

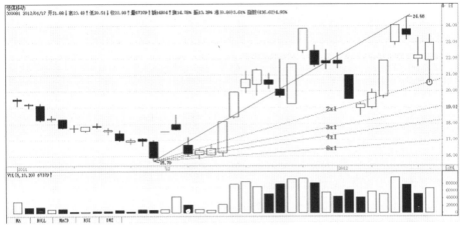

图 2 — 79

如图 2 — 79 所示，取点最低价 15.70 元到回落前的最高价 24.58
元画一个江恩角度线，当天 11：09 股价盘中最低正好打到 2×1 的江恩

角度线上得到支撑，这就是我们为什么在这里
进行正向操作的原因。

我们再看下一个案例：多伦股份（600696）。

如图 2-80 这是多伦股份在 2011 年 8 月份
的走势，在一段持续上涨后现在已经明显进入
调整阶段，投资者此时从这波上涨的最低点到
最高点画一个江恩角度线，8 月 19 日多伦股份
在当天盘中正好回调到 2×1 的江恩角度线的
位置，即图中箭头所处位置，并且在当天下午
股价就已经反弹上去，下面看看多伦股份在当
天盘中的分时走势图，如图 2 — 81 所示。

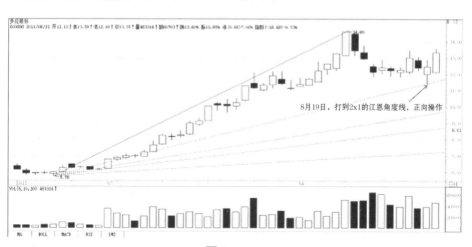

图 2 — 80

图 2 - 81

在上图中圆圈位置处，正好回调到2×1的江恩角度线的位置，这是做正向操作的绝佳时机，投资者应当果断买入，不要犹豫，当天就可赚取最多12%的差价。"短线咬一口"的投资者当天买入，当天就可以浮动获利12%，次日择机卖出兑现利润。

## 【用江恩角度线具体如何正向操作或反向操作】

跟之前提到的技巧一样，如果是买入有两种方式：一种是挂单买入，比江恩角度线的支撑位高一点买入，一般高出的比例在1%以内；另一种买入方式是到了支撑位附近根据盘

学习笔记

面特征择机用现价买入。如果是反向操作，卖
出也同理。详细要点请参考前面黄金分割法中
相关表述，这里不再重复。

学习笔记

我们多看一些案例，增加大家对江恩角度
线的感性认识。

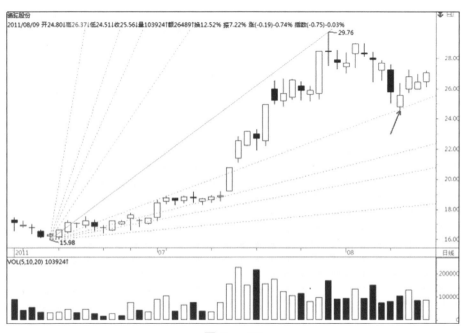

图 2 － 82

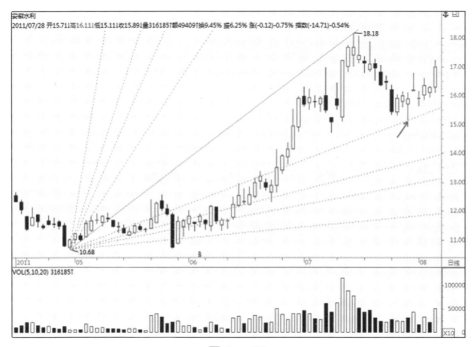

图 2 - 83

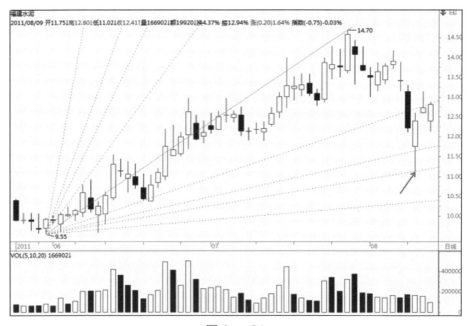

图 2 - 84

图 2 − 85

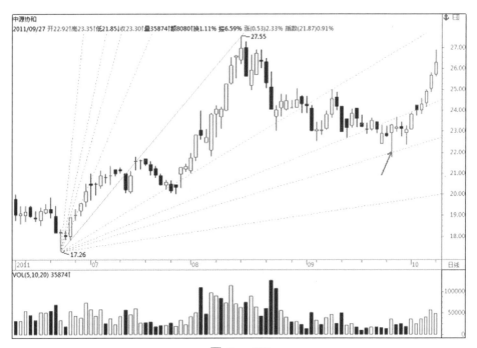

图 2 − 86

**思考题**

1.江恩角度线应该如何取点?

2.做"T+0"时,用江恩角度线正向操作买入之后如何卖出?或者做反向操作卖出之后如何买回来?

# 七、布林通道买卖策略

## 【概述】

布林通道，又叫布林线，是根据统计学中的标准差原理设计出来的一种非常实用的技术指标。它由三条线组成，在中间的通常为26天平均线，而在上下的两条线则分别为 Up 线和 Down 线，算法是首先计算出过去26日收市价的标准差 SD，通常再乘2得出2倍标准差，Up 线为20天平均线加2倍标准差，Down 线则为20天平均线减2倍标准差。

中间线 = 20日均线

Up 线 = 20日均线 +2SD（20日收市价）

Down 线 =20 日均线 – 2SD（20 日收市价 ）

布林通道的用法在很多指标书中都会提及，笔者在本节中将会用全新的使用方式教会读者朋友如何简单又高效地使用布林通道，为我们做"T+0"提供很好的参考。

## 【基本应用】

布林通道会有两种状态：横向与有趋势，当通道横向时，通道会相对比较窄，这时候我们只用布林通道的上轨和下轨，中轨我们暂时不用，此时上轨对股价具有压力，下轨则具有支撑。当通道有趋势时，会相对比较宽，这时候我们只用布林通道的中轨，上轨与下轨我们暂时不用。如果通道是向上的趋势，则中轨有支撑，如果通道是向下的趋势,则中轨有压力。我们做"T+0"操作,在支撑位置做正向操作，在压力位置做反向操作,就这么简单。

另外，关于布林通道的参数，很多行情软件都自带布林通道指标，笔者所使用的布林通道参数是 26 天，这也是很多行情软件所默认的参数。但有些行情软件的布林通道指标的参数是 20 天的，读者朋友可以将参数修改，或者你不改也行，影响不会太大。

下面来看看布林通道表现出的压力与支撑，如下图所示。

图 2 - 87

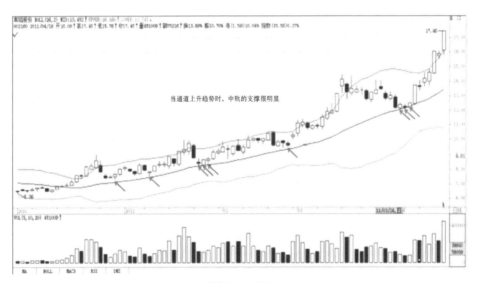

图 2 - 88

图 2 - 89

我们先来看看一个实战的案例,如图 2 — 90,启源装备（300140）2011 年 9 月份的走势。

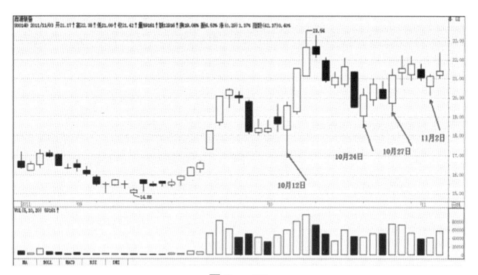

图 2 - 90

这个股票是很好做"T+0"的，图上 4 个箭头所标的位置都很好做"T+0"，现在以 10 月 27 日那天为例，给大家看看我们当天是怎么操作的，如图 2 — 91。

这个股票我们在盘前已经做好操作计划，一旦早盘向下打压，我们就去做正向操作。一开盘我们就挂单 19.21 元等着，09：39 股价最低探至 19.26 元就反转上来，我们迅速做出反应，撤销挂单，市价买入。在 09：40 笔者以 19.38 元买入做正向操作，到了 10：35 以 20.91 元将之前买入的平掉，成功实现日内的一个低买高抛。如果用百分比计算就可赚取 7.9%，笔者假设投资者有底仓 4 万股，在 09：40 以 19.38 元买入 2 万股累计 6 万股，在 10：35 以 20.91 元卖出 2 万股，此时投资者的底仓没有发生变化还是 4 万股，而投资者账户的可用现金变多了，增加了 30600 元（含税和手续费）。

计算公式：（20.91-19.38）× 20000 = 30600（元）

找个相对的低点买入，在相对的高点卖出，就一个简单的动作，一个小时的时间，投资者就可以比持股不操作要多赚取 30600 元，而且可以享受交易的乐趣。回到刚才的案例，为什么我们要在开盘挂单 19.21 元去买此股（后面由于最低只打到 19.26 元就上去，我们才改市价买入），其实答案很简单，请看图 2 — 92。

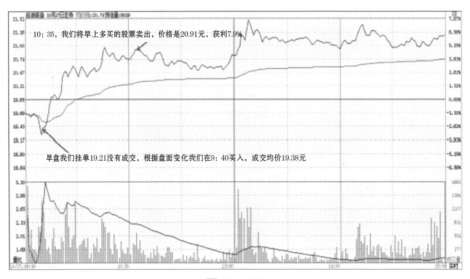

10：35，我们将早上多买的股票卖出，价格是20.91元，获利7.9%

早盘我们挂单19.21没有成交，根据盘面变化我们在9：40买入，成交均价19.38元

图 2 - 91

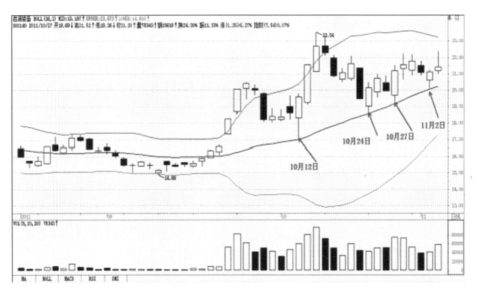

图 2 - 92

只要把布林通道画出来，一切变得豁然开朗，很明显通道是向上的趋势，此时就只用布林中轨，中轨会有支撑。10月27日当天布林通道的中轨价格是19.19元左右，所以我们当天早上挂单19.21元等着它，后面由于最低只打到19.26元就反弹，我们才改市价买入，否则就错过了很好的买入点。

## 【用布林通道具体如何正向操作或反向操作】

跟之前提到的技巧一样，如果是买入有两种方式：一种是挂单买入，比布林通道的支撑位高一点买入，一般高出的比例在1%以内；另一种买入方式是到了支撑位附近根据盘面特征择机用现价买入。如果是反向操作，卖出也同理。

像我们上述启源装备（300140）的案例，10月27日当天布林通道的中轨价格是19.19元，我们挂单买入就应该在19.20～19.40元区间去买入。我们当天是挂单19.21元，是属于保守型的低挂单，为什么那天选择低挂单呢？原因是它之前一天10月26日的K线形态是最低价收盘，而10月27日是低开的，这种盘面，我们当然选择保守型的低挂单。当然它最后的走势并没有打到我们的目标买入价格19.21元。这个时候，需要迅速做出反应，市价买入。能否做到这点，需要较好的看盘经验，否则稍一犹豫，就会错过当天7.9%的获利。

接下来，我们再看下一个案例：中弘股份（000979）。

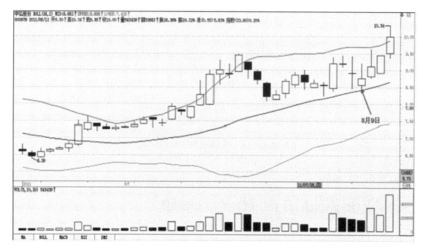

图 2 - 93

这是中弘股份 2011 年 8 月的走势，短线明显走出一个上升趋势。投资者此时可以调出布林通道，几乎每个行情软件都是直接输入 "boll" 指令就显示出来，叠加在 K 线图上。如图 2 - 93 所示，8 月 9 日中弘股份在当天盘中正好回调到布林通道线中轨的位置，即图中箭头所处位置，当天收盘前马上反弹上去。下面看看中弘股份在当天盘中的分时走势图，如图 2 - 94 所示。

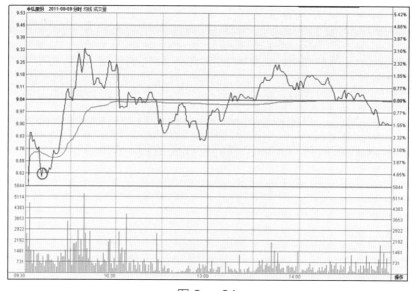

图 2 - 94

在上图 2-94 圆圈位置处，正好是回调到布林通道线中轨的位置，这是做正向操作的绝佳时机，投资者应当果断买入，不要犹豫，当天就可赚取 6% ~ 8% 的差价。

## 【布林通道的应用周期】

布林通道不但可以用在日线级别，而且还可以用到更低级别。在我们做"T+0"操作中，一般还可以用到 60 分钟图和 30 分钟图，其他更低级别周期如 5 分钟图等对我们做"T+0"就意义不大。究竟用哪一个周期呢？不同股票会有所不同，有些股票用日线级别的布林通道效果很好，有些则用 60 分钟级别或者 30 分钟级别的布林通道效果才明显。另外，即使是同一只股票，现在跟过去用布林通道的周期效果也会不一定相同，过去可能用在日线级别效果好，现在这段行情可能换在 60 分钟周期效果好。我们做"T+0"操作，要利用布林通道找压力位与支撑位，先从日线级别看效果明不明显，如果不明显，我们就换 60 分钟或 30 分钟图来看哪种效果好，几乎可以肯定，总有一套效果会明显的。不过，在这里我要特别指出，周期越短，盘中上轨、下轨、中轨的价格动态变化也相对明显一点，我们据此做"T+0"买卖时要适当灵活一点。

接下来，我们多看一些案例，增加大家对布林通道的感性认识。

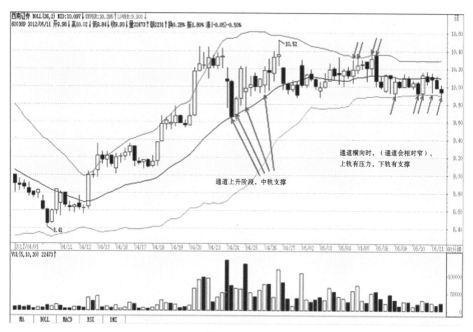

图 2 - 95

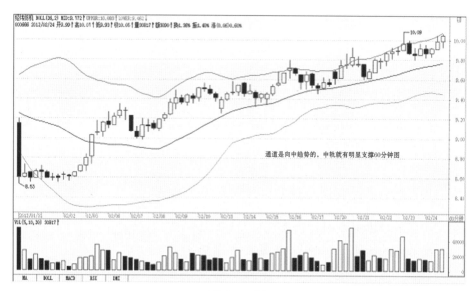

图 2 - 96

通道向上趋势，中轨有支撑30分钟图

图 2 - 97

正向操作

图 2 - 98

图 2 - 99

**思考题**

做"T+0"操作时，通道处于上升趋势，为什么只用中轨的支撑，而不用上轨的压力？同理，通道处于下降趋势，为什么只用中轨的压力，而不用下轨的支撑？

# 八、异常成交量买卖策略

## 【概述】

成交量是一个非常重要的参考指标，尤其做短线操作，无论是盘前分析还是盘中决策，一定要研究成交量。在本节中笔者将教会读者如何用成交量来对"T+0"或者"短线咬一口"提供很好的研判。

## 【基本应用】

异常成交量买卖策略是一种很好的辅助分析策略。什么才是异常成交量呢？笔者将当天

学习笔记

比较有规律的成交量称之为异常成交量。异常成交量有 5 种基本类型，以下是它们的定义及简单说明。

1. 地量。

是指近段时间成交量最小的量，或者跟近段时间成交量最小的量相接近的成交量，近段时间一般是指最近 3 ~ 6 个月。地量的出现有可能代表离调整的尾声很近,这就是所谓的"地量见地价"。但要注意的是，出现地量是调整阶段性低点的常见特征，但并不是低点出现的充分条件，也就是说，并不是一出现地量，就代表调整的低点就形成。另外,地量是相对的，今天出现了近段时间的最小量是地量，说不定过几天后又出现更小的量。

2. 缩量 1/3。

是指量能缩至之前一波上涨行情中最大成交量的 1/3 或以下的量；缩量 1/3 通常代表针对之前那一波上涨的调整随时结束。

3. 缩量一半。

是指今天的成交量是昨日成交量一半或以下，通常应用于连续上涨过程中的小调整，如一波连续上涨中突然有一天收阴线，而那一根阴线的量能是缩量一半的话，那么代表当天已经结束调整，次日将继续进攻。

4.倍量。

是指今天的成交量比昨日放大一倍以上的量；倍量通常代表行情要启动，通常跟上述3个异常量组合使用。

5.平衡量。

是指今天的成交量与昨日基本持平的量。平衡量通常代表在积累能量，等待选择方向。

上述各种类型，请读者朋友要细心看清每种类型的定义。认识完这五种基本类型的异常成交量之后，我们再来认识一下它们之间的一些组合，更是我们实战操作中要用到的：

1.地量 + 倍量。

倍量的出现将地量得到确认，代表阶段性调整结束，要展开短线反弹甚至反转行情。

2.缩量 1/3+ 倍量。

倍量的出现将缩量 1/3 得到确认，代表针对之前那一波上涨的调整结束，要展开上涨。

3.缩量一半 + 倍量。

代表缩量当天就完成短线调整,继续上涨。

4.地量 + 平衡量。

代表在积累能量，等待选择方向，而且次日会选择方向的概率很高。

5.缩量 1/3+ 平衡量。

代表在积累能量，等待选择方向，而且次日会选择方向的概率很高。

学习笔记

6.缩量一半 + 平衡量。

缩量一半代表当天基本完成短线调整，次日继续上涨的概率高。

## 【异常成交量如何用于"T+0"或者"短线咬一口"】

在操作"T+0"时，异常成交量是十分重要的参考，同时与其他买卖策略配合使用，可以大大提高操作的成功率。例如，股价当天收盘时价格到了一个支撑位附近，此时假设成交量能是一个缩量1/3的量或者地量，那么次日早盘一旦放量（估算全天会形成倍量），就可以做正向操作，因为到了支撑位附近出现这种缩量1/3的量 + 倍量的异常成交量组合，大概率代表行情要启动，所以早盘就要找机会做正向操作。当然也可以当天买入，当天收盘时浮动获利,次日卖出,这是"短线咬一口"的操作。

下面我们来看一个案例，如图 2 — 100 浙报传媒（600633）。

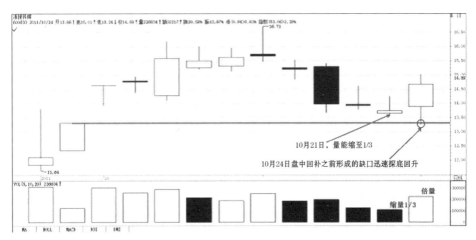

10月21日，量能缩至1/3

10月24日盘中回补之前形成的缺口迅速探底回升

图 2 — 100

这是浙报传媒 2011 年 10 月的走势。浙报传播在 2011 年 9 月 29 日重组成功后复牌，复牌后经过几天连续上涨之后出现回调，10 月 21 日当天的成交量 11 万手，而之前上涨放最大量的是复牌当天 9 月 29 日，当天的量是 31 万手，也就是说 10 月 21 日的量正好缩量至之前上涨的最大量的 1/3 左右，是一个值得重视的异常成交量。次日 10 月 24 日早盘向下打压，10:27 跌至之前形成的缺口附近后，迅速探底回升，而且当时的量能明显放出来（估计会放出倍量），此时笔者果断买入，买入成交均价为 13.5 元，做正向操作，或者"短线咬一口"。下图 2-101 是浙报传媒当天盘中的分时走势图。

学习笔记

图 2 - 101

由于当天差不多在最低价买入，做"T+0"
盘中最大的获利幅度达 12%，如果是"短线咬
一口"的，收盘时的浮动盈利幅度也达 8.2%。

## 【上涨过程连续三次倍量，通常要回调】

　　股价在上涨过程连续三次倍量的，通常就会马上回调，请看以下几个
案例：

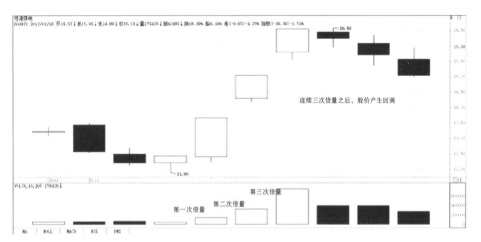

图 2 - 102

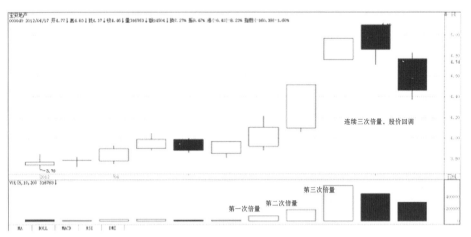

图 2 - 103

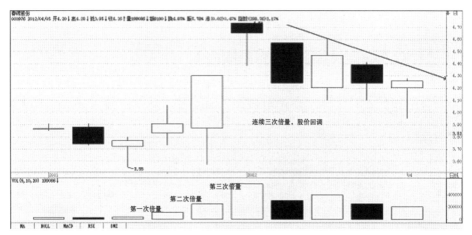

图 2 - 104

我们多看一些案例，增加大家对异常成交量的感性认识。

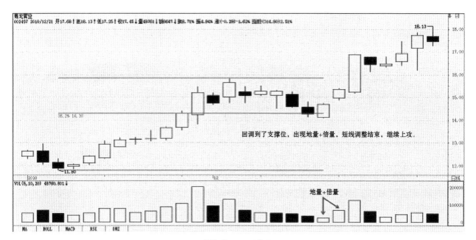

图 2 - 105

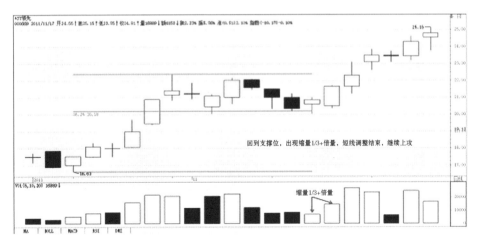

图 2 - 106

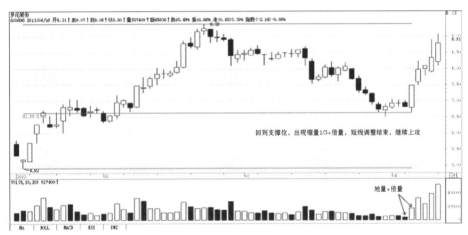

图 2 - 107

另外，需要补充一点的是，很多股票结束调整再次启动时，在低点区域经常出现本节讲的异常成交量组合，但并不是代表出现这些异常成交量组合，就代表一定要启动，在实战中一定要多综合其他买卖策略，这样效果才更明显。日积月累，你的看盘能力就会明显提高。

**思考题**

1.异常成交量买卖策略为什么需要与其他策略一起使用效果才好?

2.异常成交量在什么情况下是效果不好,参考意义不大?

# 九、SKDJ 买卖策略

## 【概述】

慢速随机指标 SKDJ，是传统的震荡指标。SKDJ 一般软件都自带，是个很实用的指标公式。从 K 的取值方面，KD 的取值范围都是 0 ~ 100%，将其划分为 3 个区域：超卖区，超买区，徘徊区。按现行的划分法，80% 以上为超买区，20% 以下为超卖区，其余为徘徊区。根据这种划分，KD 超过 80% 就应该考虑卖出了，低于 20% 就应该考虑买入了。这种操作是很简单的，但是也很容易出错，完全按这种方法进行操作很容易造成损失。应该说的是上述对于 0 ~ 100% 的划分只是一个应用

学习笔记

KD 的初步过程，但仅仅是信号。

另外，震荡指标除了慢速随机指标 SKDJ 外，还有很多，常用的例如随机指标 KDJ、相对强弱指标 RSI、威廉指标 WR 等，这些也可以参考，但用于"T+0"操作，笔者认为 SKDJ 指标会更稳定，且简单好用，用好它就不需要用其他震荡型指标了。

## 【基本应用】

对于我们做"T+0"操作来说，我们应用 SKDJ 指标主要是两方面的应用。

1. 使用指标的金叉或死叉：如果 KD 值在超卖区，K 由下往上穿越 D，形成金叉，是买入信号；如果 KD 值在超买区，K 由上往下穿越 D，形成死叉，是卖出信号。金叉举例如图 2 — 108 所示。

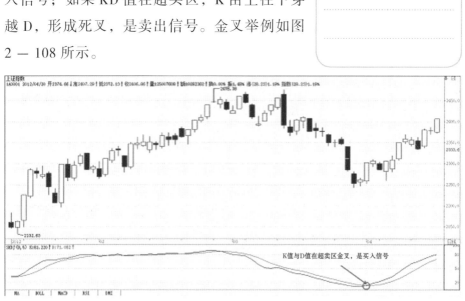

图 2 — 108

2.使用指标的背离：背离就是走势的不一致，当 KD 值处在高位，并形成两个峰，而且第二个峰比第一个峰低，此时股价还在一个劲地上涨，这叫顶背离，是卖出信号。与之相反，KD 值处在低位，并形成一底比一底高，而股价还在继续下跌，这构成底背离，是买入的信号。背离的使用举例如图 2 — 109、图 2 — 110 所示。

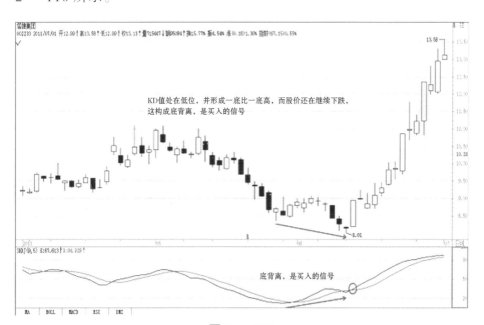

图 2 — 109

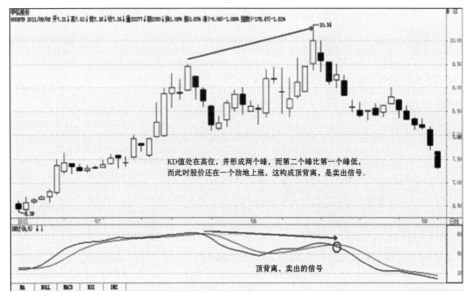

图 2 - 110

## 【应用的周期】

在短线操作中，SKDJ 指标除了可以用于日线级别，还可以用于更低级别的周期，如 60 分钟、30 分钟、15 分钟、5 分钟图。当然应用在低级别周期时，背离会更常用一点。

我们先来看看一个实战案例，如图 2 - 111，江钻股份（000852）2012 年 5 月的走势。

学习笔记

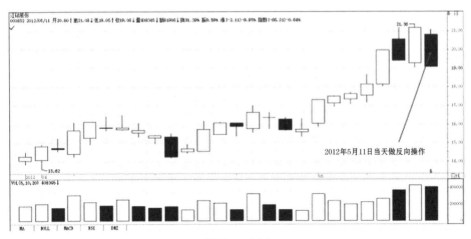

图 2 - 111

这个股票是很好做"T+0"的，现在以箭头所指的 5 月 11 日那天为例，给大家看看当天是怎么反向操作的。当时的 15 分钟图如下：

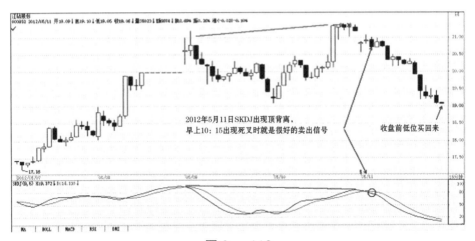

图 2 - 112

2012 年 5 月 11 日 SKDJ 出现顶背离，早上 10:15 出现死叉时就是很好的卖出信号，这个时候就可以做反向操作，20.71 元卖出底仓。卖出之后，股价几乎呈现单边下跌，当天尾盘最低跌至 19.05 元，当时的 KD 值也进入超卖区，收盘前，根据原则要把早上卖出的筹码重新买回来，价格大概是 19.05 元，赚取差价幅度为 8%，成功实现了高抛低吸。假设投资者有底仓 4 万股,在 10: 15 以 20.71 元先卖出 2 万股剩下 2 万股,在 14: 50 以 19.05 元买入 2 万股,此时投资者的底仓没有发生变化,还是 4 万股,而投资者账户的可用现金变多了(股票市值是减少的),增加了 33200 元(含税和手续费)。

计 算 公 式:(20.71–19.05)× 20000 = 33200 元。

找个相对的高点卖出,在相对的低点买回来,就一个简单的动作,就可以比持股不操作要少亏损 33200 元,按幅度来算,参与"T+0"操作的 2 万股筹码就可以少亏损 8%,大家可以从中好好体会"T+0"的魅力。

下面多看两个案例,增强一下 SKDJ 在实战应用中的感性认识。

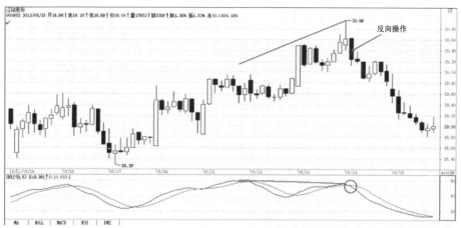

图 2 – 113

超买区死叉，卖出

超卖区金叉，买入

图 2 - 114

做"T+0"或者做"短线咬一口"的操作，关于 SKDJ 的应用读者朋友掌握上述所讲的就够了。

关于 SKDJ 的参数，笔者所使用的指标参数是（9，5），不一定跟其他行情软件一样，读者朋友请自行在行情软件中修改过来。

## 思考题

1.使用SKDJ的参数如果不用（9，5），而用别的参数，还可不可以用？

2.KD应用于不同级别的K线周期里，周期越小而发出的信号效果越好，还是越不好？

# 十、参考大盘买卖策略

## 【概述】

在做"T+0"或者"短线咬一口"中，买入或者卖出个股，通常都是根据个股本身的支撑位或者压力位去判断的。但在实战中你会发现，有些时候当个股当天还没有到达支撑位，但此时大盘已经跌至重要的支撑位，我们就可以参考大盘去操作个股，做正向操作；反之，当个股当天还没有到达压力位，但此时大盘已经涨至重要的压力位，我们就可以参考大盘去操作个股，做反向操作。这就是我们本章所说的参考大盘买卖策略，相当于对大盘指数操作"T+0"。

学习笔记

## 【基本应用】

关于研判大盘指数的重要支撑位与压力位，应用本书前面所讲的各种策略，就可以轻松做到。例如可以综合应用黄金分割、波浪尺、重要 K 线、重要均线、形态、江恩角度线、布林通道、异常成交量、SKDJ 等各种策略来找压力位与支撑位。我们先用一个案例来简单说明如何参考大盘做"T+0"，请看图 2 — 115，2012 年 4 月 24 日上证指数的日线图。

上证指数当天大幅波动，最低打到 0.382 支撑位后探底回升，我们来看看当天上证指数的分时走势图：

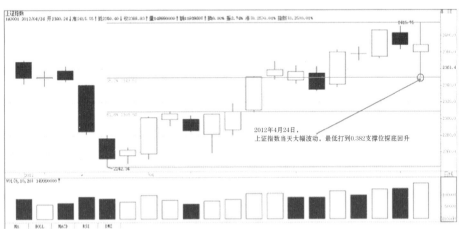

2012年4月24日，
上证指数当天大幅波动，最低打到0.382支撑位探底回升

图 2 — 115

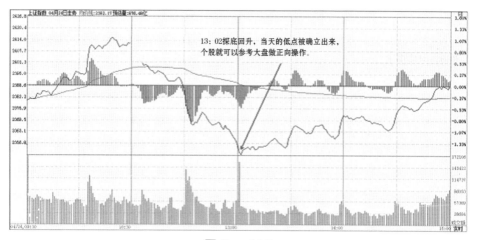

图 2 - 116

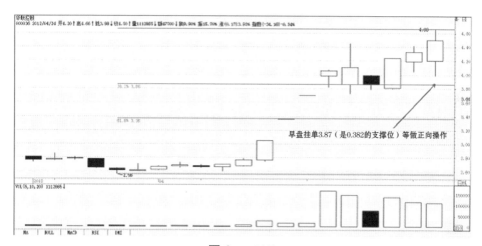

图 2 - 117

13: 02 探底回升，当天的低点被确立出来，个股就可以参考大盘做正向操作，当时有一个股票华联控股（000036），如图 2 - 117 所示：

早盘我们挂单 3.87 元（是 0.382 的支撑位）做正向操作，到了 13: 02，大盘已经探底成功，这个时候，即使它还没有到达支撑位，我们也可以根据"参考大盘买卖策略"来做正

向操作。如图 2 — 118，这是它当天的分时走
势图。

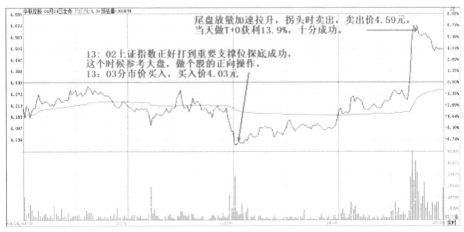

尾盘放量加速拉升，拐头时卖出，卖出价4.59元，
当天做T+0获利13.9%，十分成功。

13：02上证指数正好打到重要支撑位探底成功，
这个时候参考大盘，做个股的正向操作，
13：03分市价买入，买入价4.03元。

图 2 — 118

上述就是我们本节所说的"参考大盘买卖
策略"。只要你把前面各个买卖策略弄清楚，
用来分析大盘指数一样没有问题。

另外，由于研判大盘指数还有很多盘面特
征可供参考，这是研判个股所不同的。盘中可
以根据盘面特征来判断大盘强弱，辅助判断今
天应该做正向操作还是做反向操作，判断今天
适合还是不适合"短线咬一口"等等。一般盘
中可以参考几个要素：量能情况、板块情况、
涨停板数量、跌幅榜情况、几个指数强弱对比、
股指期货与现货对比等。为了更好地说明如何
分析大盘和参考大盘，我这里把整个看盘过程
按时间段来讲解。

第一阶段，09：00 到 09：25，浏览最新的

学习笔记

影响股市的相关消息面及财经新闻、隔夜外围股市表现、上证指数技术走势等来预测早盘开盘情况。外围市场情况，是大涨、大跌，还是休市；消息面是偏利多还是偏利空；技术面是偏强、偏弱。这些因素都会影响开盘价，开盘是如何开？高开、平开还是低开，心里大概有个底。

第二阶段，09：25到09：30，开盘价出来了，但这5分钟价格是不跳动的，我们这时要做的事情是根据开盘情况来调整之前制订的交易计划以及做出挂单动作。如果准备是正向操作的，就挂低单去买，如果准备是反向操作的，就挂高单去卖，如果暂时看不准的，可以先观察15～30分钟再来决定。另外，这5分钟时间也可用来发现一些做"短线咬一口"的潜在机会。

第三阶段，09：30到10：00，这时应该根据量能情况、板块情况、涨停板数量、跌幅榜情况、几个指数强弱对比、股指期货与现货对比等制定交易策略，具体如下：

1.通过这半个小时的量来估算全天的成交量是放量还是缩量，大盘处于不同阶段对量能有着不同的要求，例如处于上涨趋势阶段，成交量温和放大为好，调整阶段、调整尾声阶段、上涨尾声阶段等不同阶段对量能有着不同的要求，要具体问题具体分析。

2. 板块情况。是普涨还是普跌，是二八现象还是八二现象，领涨与领跌板块比较。整体板块平均涨幅超过 2% 的就是领涨板块，整体板块平均跌幅超过 2% 的就是领跌板块。一般来讲，在普涨的格局或者现八二现象或者出现领涨板块的时候，代表短线环境不错，如果做 "T+0" 尽量做正向操作，如果做 "短线咬一口"，效果比较不错。反之，如果在普跌的格局或者现二八现象或者出现领跌板块的时候，代表短线环境不太好，如果做 "T+0" 尽量做反向操作，如果要做 "短线咬一口"，一定要耐心等好的机会出现才出手。

3. 涨停板数量。一般来说，到了 10：00 有 10 个股票涨停或者盘中冲击过涨停的，都是属于短线比较活跃的盘面，短线环境不错，如果做 "T+0" 尽量做正向操作，如果做 "短线咬一口"，效果比较不错。反之，到了 10：00 只有极少个股票涨停或者盘中冲击过涨停的，都是属于短线比较不活跃的盘面，短线环境不太 "发" 了，如果做 "T+0" 尽量做反向操作。如果要做 "短线咬一口"，一定要耐心等好的机会出现才出手。注意，这里所说的涨停板是指 10% 涨停的那种，5% 涨停的不算。

4. 跌幅榜情况。跌幅超过 4% 的就是当天跌幅较大的个股，如果到了 10：00 跌幅超 4%

的个股数量较多，达 20 个以上，那么短线环境不太好，如果做"T+0"尽量做反向操作，如果要做"短线咬一口"，一定要耐心等好的机会出现才出手。反之，如果到了 10:00 跌幅超 4% 的个股数量很少，只有几个，甚至没有，那么就代表当天短线环境很不错，如果做"T+0"尽量做正向操作，如果做"短线咬一口"，效果比较不错。

5.上证指数与深圳成指之间的对比。一般情况下，在正常的上涨走势之中，都是深圳成指比上证指数强一些的，在正常的下跌走势之中，都是上证指数比深圳成指抗跌的。掌握了这些规律，对我们做"T+0"或者做"短线咬一口"会有帮助，例如，当天在上涨过程之中，看到上证指数强于深圳成指的，那么这是一个不正常的上涨盘面特征，此时如果做"T+0"尽量做反向操作，如果要做"短线咬一口"，一定要耐心等好的机会出现才出手。

6.现货与股指期货的对比。一般情况下，在正常的上涨趋势之中，股指期货会领先沪深 300 指数的；在正常的下跌走势之中，股指期货会落后沪深 300 指数的。如果当天在上涨过程之中，看到股指期货落后沪深 300 指数，那么这是一个不正常的上涨盘面特征，所以此时如果做"T+0"尽量做反向操作，如果要做"短线

咬一口"，一定要耐心等好的机会出现才出手。

第四阶段，10：00 到 14：30，根据第三阶段所说的看盘要素不断修正。

第五阶段，14：30 至 15：00，在这最后半个小时，一般不做"T+0"，但可以找一些做"短线咬一口"的机会在收盘前买入潜伏。

### 思考题

用前面所讲的每个买卖策略，大盘指数与个股比较，哪个规律性会更明显，为什么？

# 第三章

## 个股综合分析

　　读者朋友在上一章已经学会了每个独立的买卖策略，你可以轻松找到个股的压力位与支撑位，无论你是做"T+0"的，还是做波段操作，还是做"短线咬一口"的，上一章教你的十大买卖策略一定对你很有帮助。本章的内容便是将上一章教的每一个买卖策略综合运用，看完本章后，估计你的技术分析水平会再来一个飞跃，你对个股未来的走势会更加有把握。笔者在 2009 年至 2011 年经常受邀到一些电台、电视台做股票节目，在节目中会点评听众问的个股，每个个股笔者都能够快速而高质量地点评，之所以能做到这点，就是因为笔者能熟练地对个股进行综合分析。也即是说，如果读者朋友能够掌握本章所讲的股票综合要领，你也能像笔者一样到电台、电视台做股评节目并得到认同。以下通过多个不同情况的案例给大家讲解，这样大家就可以更好地理解前面章节讲的买卖策略，并能应用于实战之中。

# 一、综合练习一：安纳达（002136）

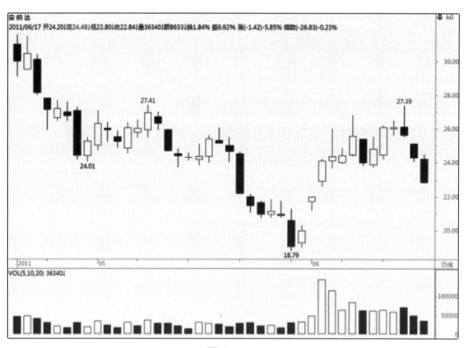

图 3 - 1

如图 3 − 1 所示，安纳达（002136）2011
年 6 月 20 日收盘时的日线图走势，从最低
18.79 元涨至 27.39 元，短线调整了 3 天。假
设现在是 2011 年 6 月 20 日收盘，盘后应该如
何分析与制定策略呢？后面我们应该如何运用
书上所学的方法对股票进行操作，下面笔者将
按照 4 个步骤，即【画线与分析】【综合分析】
【交易策略】【次日表现】来讲解。

## 第一步：【画线与分析】

现在根据我们之前所教的各种买卖策略，
画线如下：

1. 黄金分割：如图 3 − 2 所画，这波上涨
的 0.382 黄金分割线在之前有小支撑，暂时已
经有效跌破，下方支撑是 0.618，价格是 22.08
元附近。

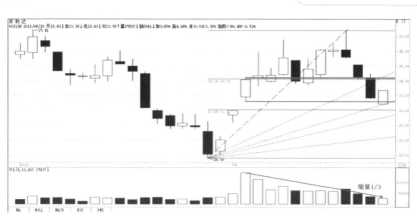

图 3 − 2

2. 波浪尺：因为还没有展开第二波上攻，暂时不画。

3. 重要 K 线：6 月 2 日是重要 K 线，如图 3 — 2 所示从重要 K 线的最高价与最低价开始的两条射线，分别是短期的压力与支撑位，压力位 24.21 元、支撑位 22.61 元。暂时得到重要 K 线的支撑。

4. 重要均线：20 天均线是重要均线，图上没有显示出均线。

5. 形态：暂时没有明显的形态可供参考。

6. 江恩角度线：破了 2×1 的江恩角度线，下方 3×1 江恩角度线今天支撑着股价。

7. 布林通道：通道横向走势，只看上下轨，上轨压力是 27.42 元，下轨支撑是 19.60 元。

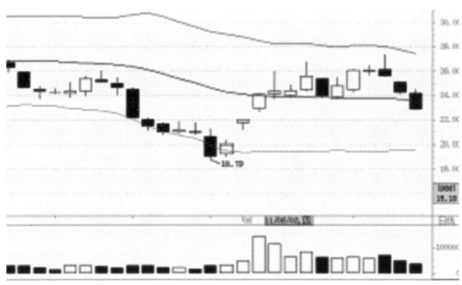

图 3 — 3

8. 异常成交量：如图 3 — 3 所标，当天的量是一个异常成交量，缩量 1/3，是调整靠近尾声的一个特征，随时可以展开反弹。

9. SKDJ 指标：当时的 15 分钟图 SKDJ 在低位，随时有底部金叉。

## 第二步：【综合分析】

当天股价低开，在重要 K 线与江恩 3×1 两个支撑的作用下展开反弹，收盘收出小阳线，量能缩量 1/3，短线具备反弹动能。

## 第三步：【交易策略】

1. 如果次日向下探，那么准备在 0.618 的支撑位大胆做正向操作，大概是 22.09 元至 22.31 元之间；

2. 如果次日向上走，如果盘中是放量，则早盘找机会做正向操作，因为价格走势与成交量等盘面特征已经告诉我们，个股已经具备短线反弹的各项特征。

## 第四步:【次日表现】

次日股价早盘向下打压,最低打到 22.03 元,根据我们制订的交易计划,早盘挂单 22.11 元买入的单在 11:11 成交,22.11 元买入做正向操作,到了下午 14:21,考虑临近收盘,另外获利幅度已经超过 4%,而且反弹没有量能的配合,故找机会卖出,卖出价格 23.16 元。当天的分时走势如图 3 — 4 所示。

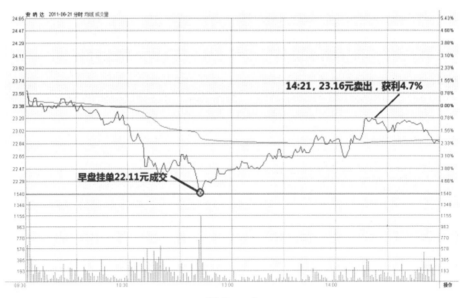

图 3 — 4

# 二、综合练习二：威海广泰（002111）

图 3 - 5

如图 3 − 5 所示，威海广泰（002111）2012 年 4 月 9 日收盘时的日线图走势，这只股票已经明显走出第二波上涨行情，从第二波上涨的起点 7.85 元涨至 10.28 元，短线调整了 2 天。假设现在是 2012 年 4 月 9 日收盘，盘后应该如何分析与制定策略呢？

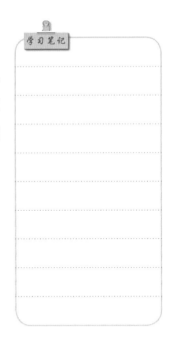

## 第一步：【画线与分析】

现在根据我们之前所教的各种买卖策略，画线如下。

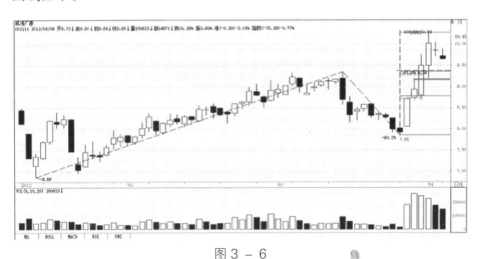

图 3 − 6

现在就画线分析一下。

1. 黄金分割：如图 3 − 6 所画，第二波上涨的下方支撑是 0.382，价格是 9.35 元附近。

2. 波浪尺：从第一波上涨的起点向第二波上涨的起点画，第二波上涨的下方支撑是

0.618，价格是 9.39 元附近。

3. 重要 K 线： 3 月 29 日是重要 K 线，如上图所示从重要 K 线的最高价与最低价开始的两条射线，下方的支撑位是最高价发出的射线，价格是 9.17 元。

4. 重要均线：暂时没有明显的重要均线。

5. 形态：短线形态不明显，暂不考虑。

6. 江恩角度线：前几天的上涨时间太短，用江恩角度线的效果不明显，暂不考虑。

7. 布林通道：从 60 分钟布林中轨可以看到，布林通道趋势是向上的，这里只使用中轨的支撑，当时 60 分钟布林通道的中轨支撑是 9.28 元，如图 3 — 7 所示。

图 3 — 7

8.异常成交量：当天的量是继续缩量，暂时没有出现异常成交量。

9. SKDJ 指标：当时的 5 分钟图 SKDJ 在低位，随时准备底部金叉，而且不排除会出现底背离。

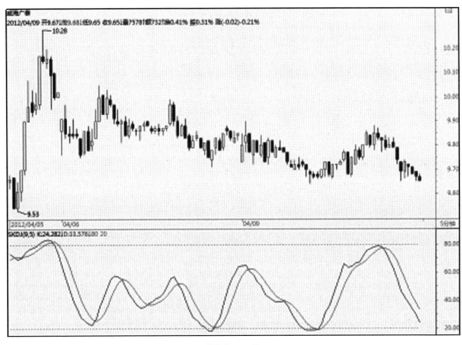

图 3 - 8

## 第二步：【综合分析】

综合上述分析，个股应该还有向下探底的要求，下方的支撑位是黄金分割 0.382 与之前上涨的波浪尺 61.8% 的比例线，以及 60 分钟布林通道的中轨，大概是在 9.29 元至 9.39 元之间。

## 第三步：【交易策略】

1. 如果次日向下探，那么准备在支撑位大胆做正向操作，挂单价格大概是 9.30 元至 9.41 元；

2. 如果次日先向上冲高，应该考虑在前期高点，同时也是波浪尺 1.0 倍压力线附近进行反向操作，价格是 10.28 元至 10.34 元。

## 第四步：【次日表现】

4 月 10 日威海广泰盘中回调到黄金分割 0.382 的支撑位后，发生有效反弹。这个支撑位是多重支撑，即黄金分割 0.382、波浪尺 0.618，并且在当时 60 分钟布林通道中轨也获得支撑，5 分钟图 SKDJ 也已经在底部反生背离。如下图所示。

学习笔记

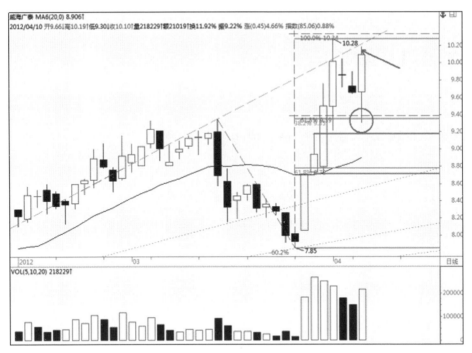

图 3 - 9

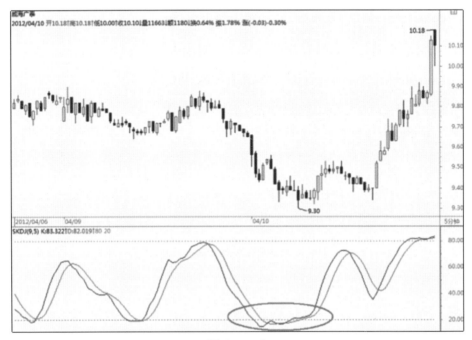

图 3 - 10

当天最低打到 9.30 元，根据我们制订的交易计划，10: 06 以 9.37 元买入做正向操作。并于 14: 53 以 10.11 元卖出做反向操作。因为当天 10: 06 正好回调到波浪尺 0.382 的支撑位，14: 53 靠近收盘，同时离上方压力位 10.28 元没有多少空间，10.11 元卖出，当天获利 7.89%。4 月 10 日威海广泰当天盘中分时走势图，如下图所示。

图 3 - 12

# 三、综合练习三：中昌海运（600242）

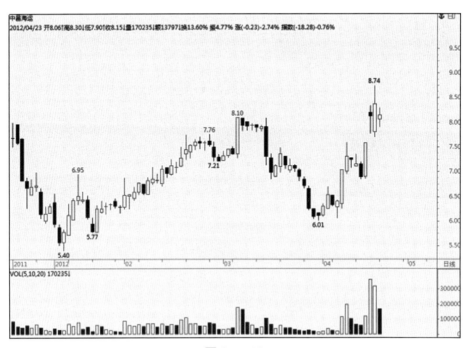

中昌海运
2012/04/23 开8.06 高8.30 低7.90 收8.15 量170235 额13797 换13.60% 振4.77% 涨(-0.23)-2.74% 指数(-18.28)-0.76%

图 3 - 13

如图 3 — 13 所示：中昌海运（600242）
2012 年 4 月 23 日收盘时的日线图走势，这只
股票已经明显走出第二波上涨行情，从第二波
上涨的起点 6.01 元涨至 8.74 元，短线已经开
始调整。假设现在是 2012 年 4 月 23 日收盘，
盘后应该如何分析与制定策略呢？

学习笔记

## 第一步：【画线与分析】

现在根据我们之前所教的各种买卖策略，
画线如下。

现在就画线分析一下。

黄金分割：如图 3 — 14 所画，第二波上
涨的下方支撑是 0.382，价格是 7.70 元，昨天
正好碰到此价格得到支撑。

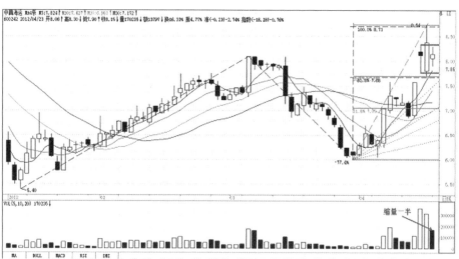

图 3 — 14

波浪尺： 如图 3 — 14 所示，股价昨天涨到波浪尺的 1.0 倍距离（8.71 元）开始回落，在 0.618 的距离（7.68 元）得到支撑。

重要 K 线： 4 月 19 日是重要 K 线，如图 3 — 14 所示从重要 K 线的最高价与最低价开始的两条射线，分别是短期的压力与支撑，压力 8.34 元、支撑 7.77 元。

重要均线：10 天与 20 天均线是重要均线，离现在价格最近的是 10 天均线。

形态：之前一波大的下跌通道已经被突破，短期的形态还没有明显形成，暂时不考虑。

江恩角度线：下方支撑是 2×1 角度线，跟 10 天均线相接近，到了次日，价格大概是 7.60 元左右。

布林通道：从 60 分钟布林中轨可以看到，布林通道趋势是向上的，按此只使用中轨的支撑，当时 60 分钟布林通道的中轨支撑是 7.64 元，如图 3 — 15 所示。

图 3 – 15

异常成交量：当天的量是一个异常成交量，缩量一半，预示短线调整结束，随时展开反弹。

震荡指标：当时的 5 分钟图 SKDJ 在低位，已经出现底背离。

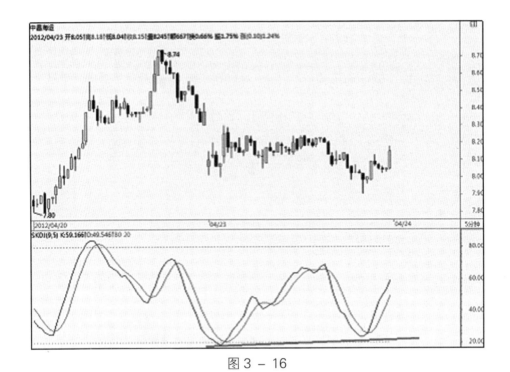

图 3 - 16

## 第二步:【综合分析】

结合价格走势、量能表现、各指标情况,个股次日应该会有反弹。

## 第三步:【交易策略】

1. 如果次日向下探,那么准备在支撑位大胆做正向操作,支撑位大概是 7.60 元至 7.70元,可以挂单买入,也可以在到了支撑位附近,根据盘面择机买入。

学习笔记

2. 如果次日先向上走，应该考虑在重要 K 线的压力位进行反向操作。

## 第四步：【次日表现】

次日股价早盘低开，并向下打压，最低打到 7.59 元，打到我们预定的支撑位，11：02 元以 7.71 元买入做正向操作，并于 14：45 元以 8.14 元卖出。当天早上低开低走向下跌的时候，我们就挂低单准备做正向操作，既然几个支撑位集中在 7.60 元至 7.70 元附近，我们就挂单 7.71 元买入，11：02 成交。下午 14：45，反弹至接近红盘（比昨天收盘价低一分钱）的时候，盈利幅度已经达到 5.5%，而且临近收盘，8.14 元卖出早上正向操作的筹码，成交操作了一个日内的低买高卖。下面是 4 月 24 日中昌海运（600242）分时走势图。

学习笔记

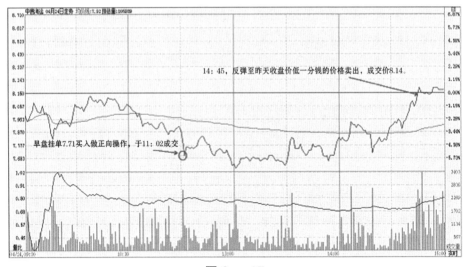

图 3 - 17

股价当天回调到支撑位是多重支撑的区域,黄金分割 0.382、波浪尺 0.618、10 天均线、江恩 2×1 角度线、60 分钟布林通道中轨也获得支撑、 5 分钟图 SKDJ 也已经在底部产生金叉, 所以如期地探底回升。如下图所示。

学习笔记

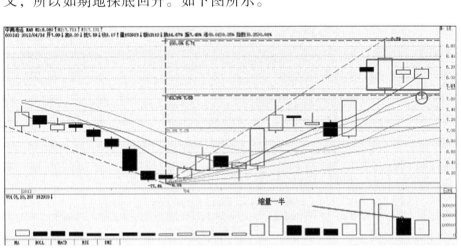

图 3 - 18

图 3 – 19

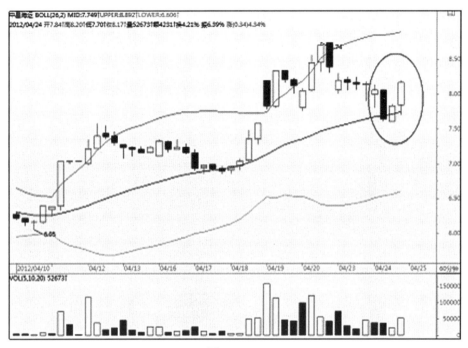

图 3 – 20

# 四、综合练习四：信质电机（002664）

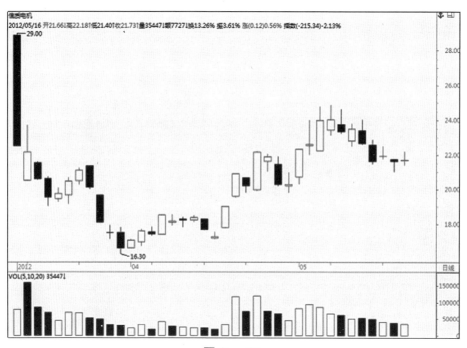

图 3 - 21

如图 3 — 21 所示：信质电机（002664）2012 年 5 月 16 日收盘时的日线图走势，这只股票已经明显进入短期调整阶段。假设当前没有这只股票底仓，而是盘中临时发现，那么盘中应该如何分析与制定策略呢？下面我们还是按照上面的步骤跟大家分析一下，你就清楚如何"短线咬一口"。

## 第一步：【画线与分析】

现在根据我们之前所教的各种买卖策略，画线如下。

现在就画线分析一下。

1. 黄金分割：如图 3 — 22 所画，下方支撑是 0.382，价格是 21.60 元。

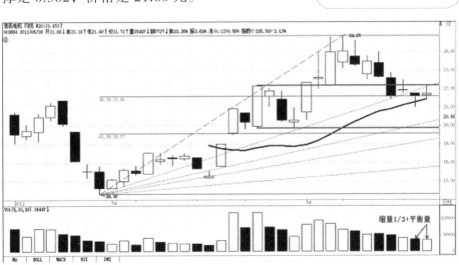

图 3 — 22

2.波浪尺：还没有明显走出第二波上涨行情，暂时不画。

3.重要K线：4月24日当天是重要K线，如上图所示从重要K线的最高价与最低价开始的两条射线，分别是短期的压力与支撑，压力位是 22.20 元、支撑位是 19.91 元。

4.重要均线：20 天均线，如图 3-22 单独显示出来。

5.形态：暂时没明显形态。

6.江恩角度线：2×1 之前有支撑，暂时跌破一点点。

7.布林通道：暂时没有太好规律，暂时不考虑。

8.异常成交量：如图 3-22 所标，当天的成交量是一个异常成交量组合，缩量 1/3+ 平衡量，是调整靠近尾声的一个特征，随时可能展开反弹。

9.SKDJ指标：当时的 60 分钟图 SKDJ 在低位，5 月 15 日就已经出现背离。

学习笔记

图 3 - 23

## 第二步:【综合分析】

　　股价下方的支撑很强,有黄金分割 0.382 的支撑、20 天均线的支撑,SKDJ 指标也出现底背离。另外,十分关键的是,量能在这个位置出现异常成交量,这种缩量 1/3+ 平衡量的组合在这个重要的支撑位出现,短线有反弹的概率很大。

## 第三步:【交易策略】

1. 如果当天收盘前 10 分钟左右,股价能站在黄金分割 0.382 的支撑位 21.60 元上方,量能是平衡量,则在收盘前 14:50 买入,潜伏。

2. 如果次日继续向下探,跌破支撑,就止损。

3. 如果次日向上走,根据次日的量能、分时走势等盘面特征,找个压力位将其卖出,成功咬一口。

## 第四步:【次日表现】

当天收盘前根据我们制订的交易计划,在 14:53 以 21.71 元买入潜伏,准备咬一口就走人。次日早盘放量拉升,如计划所预测的一样向上急冲,此时我们要做的是赶紧找到它上方的压力位把它卖出,上方的压力位是 23.40 元,是从之前的高点下跌以来的 0.618 的反弹压力位,如下图所示。

学习笔记

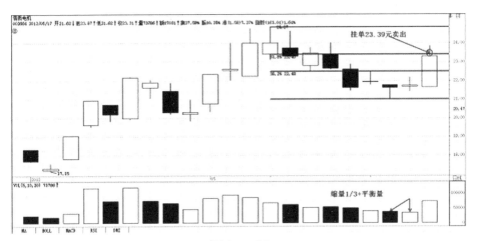

图 3 - 24

我们就挂单 23.39 元将股票卖出，成交时间是 09：49，成功咬一口，获利 7.7%。当天的分时走势图如下：

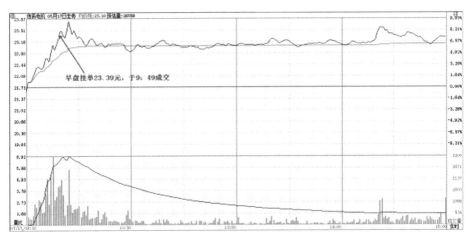

图 3 - 25

# 五、综合练习五：金种子酒（600199）

如图 3 — 26 所示：金种子酒（600199）2012 年 3 月 30 日收盘时的日线图走势，这只股票已经明显进入调整阶段，盘后应该如何分析与制定策略呢？

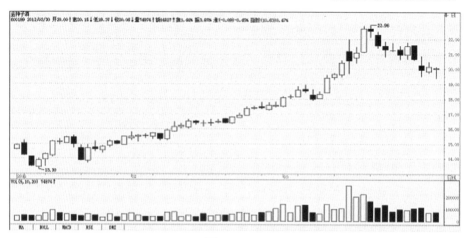

图 3 — 26

## 第一步：【画线与分析】

现在根据我们之前所教的各种买卖策略，画线如下：

图 3 - 27

现在就画线分析一下：

1. 黄金分割：如上图所画，下方支撑位是 0.382，价格是 19.27 元。

2. 波浪尺：还没有明显走出第二波上涨行情，暂时不画。

3. 重要 K 线：3 月 14 日是重要 K 线，如上图所示，从重要 K 线的最高价与最低价开始的两条射线，分别是短期的压力与支撑位，压力位是 22.00 元、支撑位是 19.68 元。暂时得到重要 K 线的支撑。

4. 重要均线：30 天均线是重要均线，如图用粗线显示出来。

5. 形态：暂时不明显，暂时不考虑。

6. 江恩角度线：下方 2×1 有支撑。

7. 布林通道：通道趋势向上只使用中轨的支撑，中轨支撑是 19.64 元，股价在此得到支撑，如图 3 — 28 所示。

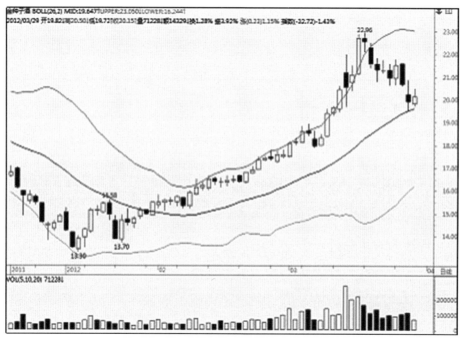

图 3 — 28

8. 异常成交量：如图所标，当天的量是一个异常成交量，缩量 1/3+ 平衡量，是调整接近尾声的一个特征，随时可能展开反弹。

9. SKDJ 指标：30 分钟 SKDJ 出现底背离，如图 3 — 29。

图 3 - 29

## 第二步：【综合分析】

股价在多重支撑位附近站稳，下方支撑位包括黄金分割 0.382、30 天均线、重要 K 线支撑、江恩 2×1 角度线的支撑。也就是说，股价在这个位置暂时跌不下去了。另外，量能出现异常成交量，缩量 1/3+ 平衡量，在这种位置出现这种量能，短线反弹随时出现。如果这个股票是在盘中发现的，可以考虑在收盘前 14：50 左右买入，潜伏。

## 第三步：【交易策略】

1. 如果次日向下探，那么准备在下方多个支撑位处大胆买入，大概是 19.11 元至 19.30

学习笔记

元区间；

2. 如果次日不往下走，而且早盘明显放量，则早盘找机会买入。

## 第四步：【次日表现】

次日高开高走，并放出量来，早盘找机会买入。9：46，以买入价 20.50 元做正向操作。上方的压力位是重要 K 线给出的压力，价格正好是 22.00 元，故挂单 21.99 元卖出，于下午 14：12 成交。次日走势，如下图所示。

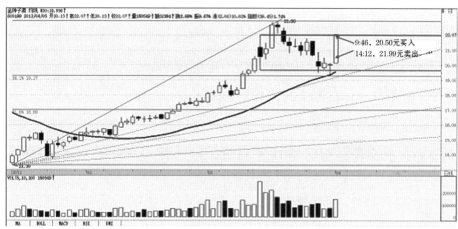

图 3 － 30

# 六、综合练习六：莫高股份（600543）

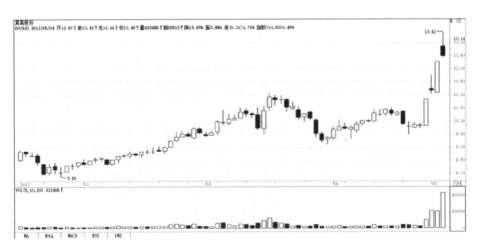

图 3 - 31

　　如上图所示，莫高股份（600543）2012年5月4日收盘时的日线图走势，当天冲高回落，放了巨量。假设现在是2012年5月4日收盘，这只股票近段时间一直是在做"T+0"操作，那么盘后应该如何分析与制定策略呢？

# 第一步:【画线与分析】

现在根据我们之前所教的各种买卖策略,画线如下:

图 3 - 32

1. 黄金分割:如上图所画,这波小上涨的 0.382 黄金分割位是 11.92 元。

2. 波浪尺:由于股价这段时间连续上涨,明显处于第二波的上攻态势,将波浪尺画出,如上图所示,当天股价的冲高回落正是遇到这个波浪尺的 1.382 倍的压力线遇阻回落。这个波浪尺的 1.0 倍压力线,它会成为支撑,所以下方的支撑位是这个波浪尺的 1.0 倍压力线,价格是 12.29 元。

3. 重要 K 线:2012 年 5 月 4 日当天放近期最大量,是重要 K 线,如图 3 — 32 所示，从重要 K 线的最高价与最低价开始的两条射线，分别是短期的压力与支撑，压力位是 13.42 元、支撑位是 12.44 元。未来几天会受到这个重要 K 线的压力与支撑。

4. 重要均线：所有均线都在脚下，这种盘面特征，5 天均线会有小支撑。

5. 形态：暂时没有明显的形态可供参考。

6. 江恩角度线：暂时用不上。

7. 布林通道：突破日线级别的 boll 通道上轨，短线暂时不参考。

8. 异常成交量：今天放倍量，之前已经放过倍量，不过并不是连续三次倍量，否则就很大概率要马上回调。

9. SKDJ 指标：当时的 15 分钟图 SKDJ 在高位有顶背离迹象。

## 第二步：【综合分析】

当天是遇到压力位冲高回落的，而且放巨量，SKDJ 指标顶背离，短线有震荡调整的要求。下方在 12.29 元附近支撑较好，一方面是波浪尺的一倍压力线成为支撑，同时也是前一天涨停板的缺口支撑。上方在 13.42 元至 13.5 元一带会有压力，是波浪尺与重要 K 线给的压力。

## 第三步:【交易策略】

1. 如果次日向下探,可以考虑做正向操作,挂单价格大概是 13.30 元附近;

2. 如果次日向上走,而且是缩量的,则冲高要做反向操作,挂单价格大概是 13.40 元附近。

## 第四步:【次日表现】

次日股价低开高走,09:25 一开盘就正好开在 13.30 元,到达我们的目标支撑位。这个时候由于有底仓,果断市价买入,做正向操作,大不了判断错的话,这个正向操作就止损掉。09:30 成交,成交价 12.35 元。买入后,根据上方的压力位,我们参考昨天的高点(13.42 元)挂单减仓,挂单价是 13.39 元,于 10:47 成交,成功做了一个正向操作,获利 8.4%。次日的当天分时走势图如下:

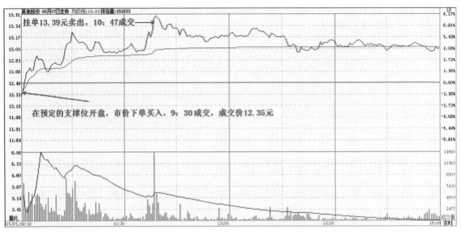

图 3 - 33

# 七、综合练习七：奥飞动漫（002292）

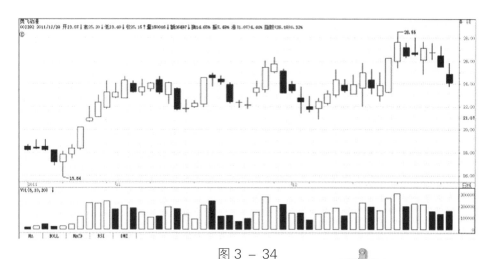

图 3 - 34

学习笔记

如图 3 - 34 所示：这是奥飞动漫
（002292）2011 年 12 月 27 日收盘时的日线
图走势。股价已经在最近两个月时间总体都是
横盘走势，但天天都可以做差价。假设现在是

2011 年 12 月 27 日收盘，这只股票近段时间一直是在做"T+0"的，那么盘后应该如何分析与制订次日的操作计划呢？

## 第一步：【画线与分析】

现在根据我们之前所学的各种买卖策略，画线如下：

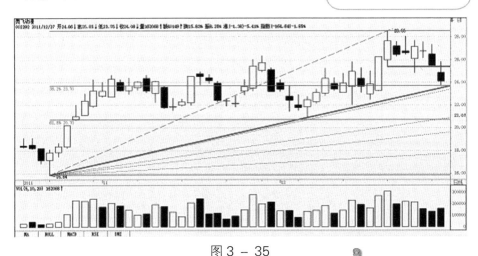

图 3 - 35

1.黄金分割：如上图所画，整波上涨的 0.382 黄金分割位是 23.70 元，今天最低打到 23.75 元，算是在这个支撑位上得到支撑而展开反弹的。

2.波浪尺：由于股价没有明显拉第二波上涨行情，所以暂时不画。

3.重要 K 线：2011 年 12 月 19 日当天放近期最大量，是重要 K 线，如上图所示从重要

K 线的最低价画一条射线，是短期的压力，价格是 25.36 元。今天的冲高回落就是受到此压力线的影响回落的。

4. 重要均线：暂时没有一条均线有参考价值，先不用。

5. 形态：是一个上升通道形态，根据形态买卖策略，此时只用通道下轨的支撑，如图画出通道的下轨。今天的最低价也很接近通道的下轨，它会随着时间推移，不断抬高，估计到了次日就上移到 23.70 元左右。

6. 江恩角度线：如图 3-35，下方的支撑就是 2×1 的江恩角度线，它会随着时间推移，不断抬高，估计到了次日就上移到 23.40 元左右。

7. 布林通道：布林通道处于横向走势，只用上轨与下轨，上轨是压力，价格是 27.78 元，下轨是支撑，价格是 20.87 元，短期内现价离两轨都比较远，即使要碰到，都要几天时间，如图 3 — 36 所示。

学习笔记

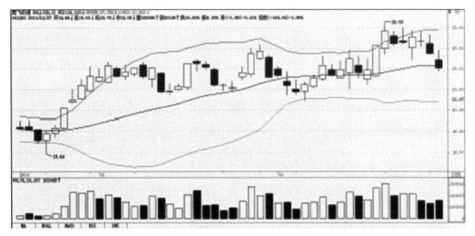

图 3 - 36

8.异常成交量：暂时没有我们能研判的异常成交量。

9. SKDJ 指标：当时的 15 分钟图 SKDJ 在低位随时有底背离产生，如图 3 — 37 所示。

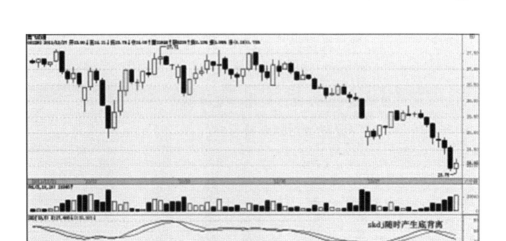

图 3 - 37

## 第二步：【综合分析】

下方的几个支撑集中在一个区域，支撑力度很强，来自黄金分割 0.382 的支撑、上升通道下轨的支撑、江恩 2×1 角度线的支撑，所以在 23.40 元至 23.70 元这一带支撑会很强。上方的压力是重要 K 线带来的压力，价格是 25.36 元，今天就是遇到此压力位而冲高回落的。另外，从 15 分钟的 SKDJ 指标来看，随时会发生底背离。综合上述分析，次日探底回升的概率很高。

## 第三步：【交易策略】

1. 如果次日向下探，重点考虑做正向操作，买入价格是 23.40 元至 23.70 元附近；

2. 如果次日向上走，而且是缩量的，则冲高要做反向操作，卖出价格大概是 25.36 元至 25.10 元附近。

## 第四步：【次日表现】

次日股价低开，开盘就开在 23.57 元，落在我们计划的目标支撑范围内，此时如果有足

学习笔记

够经验，就可以想象得到，这个股票当天会是一个低开高走的过程，这个时候由于有底仓，果断市价买入，做正向操作。09：30 成交，成交价 23.70 元。买入后，根据上方的压力位，我们参考重要 K 线给予的短期压力（25.36 元）挂单减仓，挂单价是 25.09 元，于 14：48 成交，成功做了一个正向操作，获利 5.8%，当天分时走势图如下：

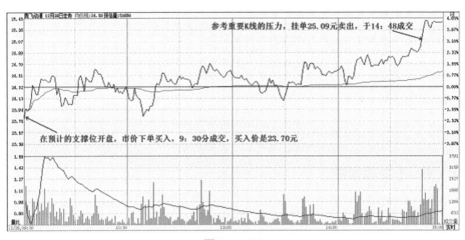

图 3 - 38

# 八、综合练习八：澳洋科技（002172）

图 3 - 39

学习笔记

如图 3 － 39 所示,这是澳洋科技（002172）
2012 年 5 月 22 日收盘时的日线图走势。假设
现在是 2012 年 5 月 22 日收盘,手上有这只股
票,那么应该怎么分析?

# 第一步:【画线与分析】

现在根据我们之前所教的各种买卖策略,画线如下:

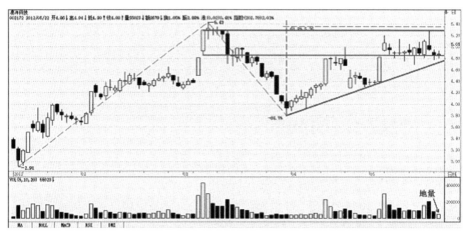

图 3 - 40

1. 黄金分割:暂时用不上。

2. 波浪尺:如图 3 — 40 所示,画出波浪尺,上方有一个 0.618 倍的压力线,价格是 5.36 元。

3. 重要 K 线: 2012 年 3 月 7 日当天放近期最大量,是重要 K 线,如图 3 — 40 所示,分别从重要 K 线的最高与最低价画射线,分别是短期的压力位与支撑位,价格分别是 5.29 元和 4.85 元。回看近段时间的走势,这根重要 K 线的压力与支撑效果确实比较明显。

4. 重要均线:暂时没有一条均线有参考价值,先不用。

5. 形态：是一个上升通道形态，根据形态买卖策略，此时只用通道下轨的支撑，如图 3 — 40 画出通道的下轨。当天的最低价也很接近通道的下轨，它会随着时间推移，不断抬高，估计到了次日就上移到 4.77 元左右。

6. 江恩角度线：暂时用不上。

7. 布林通道：布林通道处于横向走势，只用上轨与下轨，上轨是压力，现价离上、下两轨都比较远，暂时不考虑。

8. 异常成交量：是地量。

9. SKDJ 指标：当时的 60 分钟图 SKDJ 在低位，准备等待低位的金叉，如图 3 — 41 所示。

图 3 — 41

## 第二步：【综合分析】

股价上有压力，下有支撑，下方的支撑本来就是重要 K 线的最低价，这段时间的收盘价也从未跌破过重要 K 线的最低价 4.85 元，可见它的支撑很强。另外，即使向下打破这一支撑，离这不远就有一个上升通道下轨的支撑，这个支撑的力度也是很强的，量能收出地量，15 分钟图 SKDJ 在低位随时可以产生金叉，所以短线应该重点考虑如何买入。

## 第三步：【交易策略】

1. 如果次日向下探，重点考虑做正向操作，买入价格是 4.77 元至 4.81 元附近；

2. 如果次日向上走，而且是缩量的，则冲高要做反向操作，卖出价格大概是 5.30 元附近；

3. 如果次日早盘放量拉升，涨停不大的情况下，早盘可以考虑做正向操作。

## 第四步：【次日表现】

次日个股高开，而且早盘明显放量，此时我们应该按照上述制定的"交易策略3"，找

机会买入，做正向操作。买入之后参考重要K
线的压力位（5.29元），挂单5.28元卖出，于
10: 29分成交，成功做了一个正向操作，获利
4.2%，当天分时走势图如下：

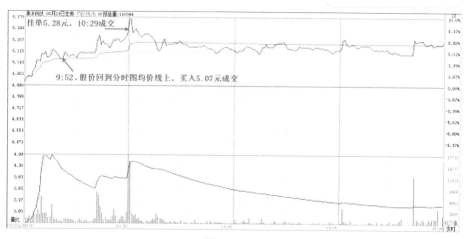

图 3 – 42

# 第四章

## 其他交易技巧

# 一、如何选 "T+0" 的个股

选取 "T+0" 个股的两个原则：

1.相对活跃的个股，即振幅大，通常要求 20 天平均振幅要大于 4%。

2.应选取中线看好的股票。

所说中线看好是指这只股票短线涨不涨没有所谓，关键是，你能知道这只股票未来一两个月以后会上涨。如何找这种中线看好的股票呢？可以从技术面来选，也可以配合基本面上来选，这里主要以技术分析角度简单讨论。用技术分析可以从以下几个角度来选中线较大概率上涨的股票：

（1）均线系统形成多头排列（多头排列是指：MA5 在 MA10 上方，MA10 在 MA20 上方，MA20 在 MA30 上方）；

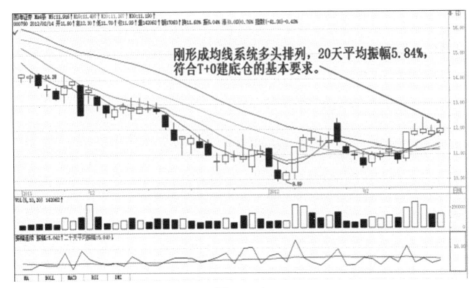

刚形成均线系统多头排列，20天平均振幅5.84%，符合T+0建底仓的基本要求。

图 4 - 1

我们用上图国海证券（000750）为例，2012 年 2 月 14 日均线系统由下降变为上升，同时均线排列刚形成多头排列，符合中线看涨的一种基本要求。另外，它的 20 天均线振幅为 5.84%，代表这只股票股性活跃，适合做"T+0"，在当天可以分批建底仓。建了底仓后，你就可以在中线持有的基础上做"T+0"，几乎每天都可以用书上的方法做日内"T+0"操作。图 4 - 2 是建仓后，这只股票后面三个月的走势，底仓从 12 元最高涨到 28.85 元，涨了 1.3 倍。你会发现做"T+0"的好处：一方面牛股可以拿得住，另一方面可以充分盘活现金仓，在持仓风险不变的情况下，扩大收益。

学习笔记

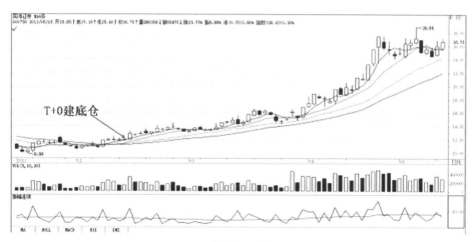

图4-2

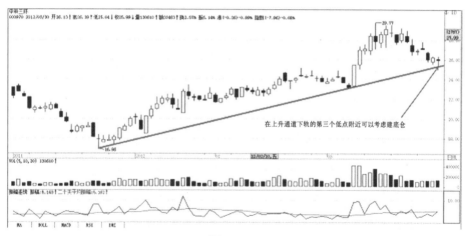

图4-3

学习笔记

（2）还处于上升通道的初期，在上升通道下轨的第三个低点附近可以考虑建底仓；

我们用上图中科三环（000970）为例，2012年3月30日股价再次回到通道的下轨，是第三个低点，符合中线看涨的一种基本要求。另外，它的20天均线振幅为5.16%，代表这股票股性活跃，适合做"T+0"，在当天可以分批建底仓。建了底仓后，你就可以在中线持有的基础上做"T+0"，几乎每天都可以用书上的方法做日内"T+0"操作。图4—4是建仓后，这只股票后面一个半月的走势，底仓上涨了60%，由于我们是做"T+0"交易的，上涨过程的震荡非但没有把我们震出去，反而做"T+0"的人会喜欢上这种震荡，因为它会让我们有机会从它的震荡中获取差价，扩大收益。再次感受到做"T+0"的好处：一方面牛股可以拿得住，另一方面可以充分盘活现金仓，扩大收益。

（3）长期横盘整理向上突破，经过回抽确认，重新拐头向上的。

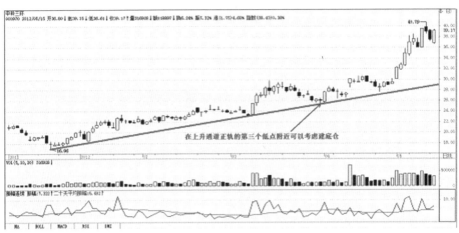

图4—4

　　我们以图 4 — 5，奥维通信（002231）为例。长达一年多的横盘整理，经过突破回抽，2012年 3 月 1 日再次拐头向上，代表中线上涨趋势得到确立，符合中线看涨的一种基本要求，另外，它的 20 天均线振幅为 4.53%，代表这只股票股性活跃，适合做"T+0"，在当天可以分批建底仓。建了底仓后，你就可以在中线持有的基础上做"T+0"，几乎每天都可以用书上的方法做日内操作。下图是建仓后，这只股票后面两个多月的走势，底仓最高上涨了 50%。

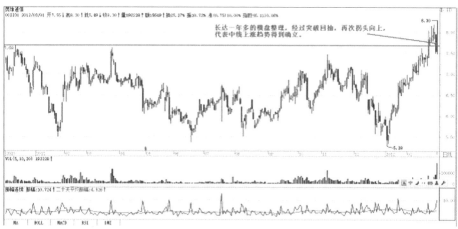

图 4 — 5

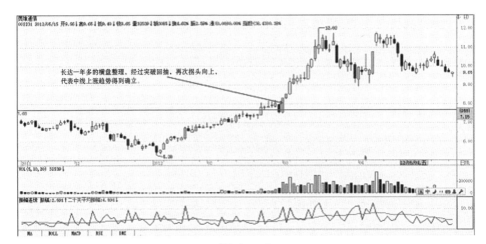

图 4 - 6

# 二、"短线咬一口"的思路

1. 做漂亮的 0.382 黄金分割回调。

什么才是漂亮的 0.382 回调呢？我们可以从它上涨的子浪结构来辅助识别，笔者对波浪理论有较深的研究，对波浪理论应用于趋势判断与短线交易也深有体会。2010 年与 2011 年每年都被北京大学邀请去给学校举办的"证券投资深造班"讲两整天的波浪理论。关于波浪理论及其在短线"T+0"中的应用，由于篇幅所限，这里暂不详解，读者可留意我即将出版的波浪理论实战应用的书。这里举一个简单案例给读者参考，如图 4 — 7。

学习笔记

图 4 － 7

图 4 — 7 是爱使股份（600652），2012 年 4 月 24 日，当天回落至之前那一波上涨的 0.382 黄金分割位 5.41 元，我们挂单买入成交，当天收盘收至 5.72 元，当天浮动获利 5.73%，次日最高冲至 6.29 元，最大获利 16.2%。这就是我们课程上所说的漂亮的 0.382。

2. 选价格与量都能到位的股票短线操作。

也就是说，价格到了重要的支撑位，黄金分割支撑位、重要 K 线支撑位、重要均线支撑位等重要价格支撑位，量能已经出现异常成交量的组合（当然如果你对时间周期有研究的话，也可以融合时间周期去考虑，找那种价格、量能、时间都共振的股票去操作，关于时间周期的应用会在我未来即将要出的下一本书中有所提及，敬请留意）。请看图 4 — 8：

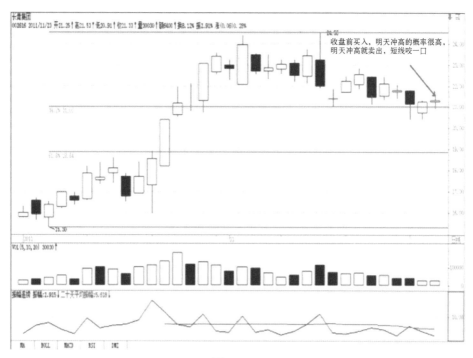

图 4 — 8

图 4 — 8 是长青集团（002616）的 K 线图，2011 年 11 月 23 日收盘前我们就可以买入，次日冲高的概率很高，为什么呢？因为它是符合价格与量能共振的股票，说明如下：从价格来看，股价回调到 0.382 黄金分割位 21.02 元附近就跌不下去了，代表价格已经调整到位；另外，从成交量来看，11 月 22 日已经是缩至地量，23 日的成交量跟 22 日差不多，也就是说成交量是地量＋平衡量的组合，而且 23 日

的 K 线比 22 日的 K 线重心上移，最低价、最高价与收盘价都比 22 日的高，这种盘面代表下一交易日很可能要反弹。综合价格与量能都具备反弹的要求，也就是我们所说的价格与量能共振，次日展开反弹的概率十分大，另外，此股最近 20 天平均振幅达 5.62%，股性活跃，做短线咬一口会有空间。所以，我们的策略就是：在收盘前买入，次日冲高到压力位卖出。图 4 − 9 是它次日的表现：

23 日收盘前 21.33 元买入，次日冲高至压力位 22.97 元卖出，获利 7.68%，成功咬一口。这里需要指出的是，次日冲高的压力位 22.97 元是如何算出来的呢？就是从最高点 24.56 元下跌到调整期间的最低点 20.40 元，这波下跌的反弹 0.618 的黄金分割比例就是 22.97 元，读者好好领悟，如果还不清楚，请回看黄金分割法相关章节的内容。

学习笔记

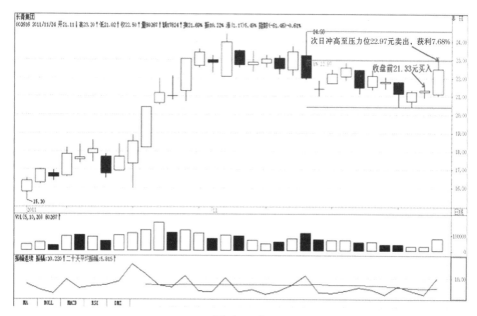

图 4 - 9

3.找那种到了多重支撑位的股票短线参与。

目标股票即将跌到的价格如果是多重支撑的，那么短线触及强支撑后展开反弹的概率就很大，不管大盘是涨还是跌。那么什么是多重支撑，简单的定义是指：用三种或以上的不同方法算出来的支撑位重叠在同一价格或者价格区间（价格区间是指宽度在 1% 以内）。

# 三、挂单的小技巧

关于挂单买入与卖出：

挂单买入股票，也即是说挂着低单等着价格回调到指定价格成交，要买入就请你比整数关高 1 至 2 分，例如你计算出重要支撑位是 22.38 元，如果你要挂单去买入，请你挂 22.41 元，这样效果会更好，这是笔者多年做日内短线的经验。同理，如果你要挂单卖出股票，就请你比整数关低 1 至 2 分，例如你计算出重要压力位是 18.72 元，如果你要挂单去卖的话，请你挂 18.69 元，不要因为差几分钱而买不到好股票，或者卖不出股票。

学习笔记

# 四、"T+0"比较好做的几种情况

1. 隔夜外围大幅波动。

2. 突发利空或者利好。

3. 到了重要支撑位或者压力位。

4. 大盘到了变盘时间。

遇到上述几种情况，你就应该知道当天大盘指数及个股的波动幅度就会比平时要大，做"T+0"就要留意去做正向操作或者反向操作了。

学习笔记

# 五、做"T+0"什么情况下要改变底仓

当发生以下情况，做"T+0"的底仓就要改变：要么到了重要压力位，要么就是破位。

什么是重要压力位，是指用三种或以上的不同方法算出来的压力位重叠在同一价格或者价格区间（价格区间是指宽度在 1% 以内），当我们做"T+0"的时候，一旦价格涨到了重要压力位，这个时候不但要以反向操作为主，更应主动降低底仓的仓位（尽管这个时候，股价是上涨的，我们还是要迎头减掉底仓一半），以保护胜利成果，股价遇到这种重要压力位产生较明显回调的概率较大，等回调到支撑位再买回来的话，底仓恢复之前的仓位。

什么叫作破位呢？是指股价有效跌破重要

学习笔记

支撑。这里所说的重要支撑可能是上升通道的下轨，而且这个下轨多次被测试过有效果，这种情况的下轨一旦被跌破，短线上升趋势被打破，底仓要减半，甚至全卖出，暂时不做这个股票的"T+0"。当然，重要支撑也可能是一条重要的均线或者其他支撑，这里不再详谈。另外，值得注意的是，破位要"有效"破位才行，所谓"有效"是指跌破支撑位的时候，中阴线以上阴线跌破才算，如果当天是小阴线跌破支撑位的就不算"有效"，这时需要看多其后一两天的表现来进一步确认是否跌破。最后，是否破支撑位，我们是以收盘价来确认的，不是以盘中的最低价确认，所以一般到了 14:50 左右的价格才能决定是否破位，当然，如果你的看盘能力较高的话，盘中也许可以提前知道收盘会不会破位，可以更早地做出决定。

学习笔记

# 附录一 如何快速成为赢家

要快速成为股市赢家，一般要经过四个过程：知己、学习、复制、创新。

第一步骤是知己。就是指根据自己的性格与特点选择一套适合自己的方法去研究，是选择研究长线，还是中线，还是短线，是做基本面分析还是做技术分析等等都是要清楚的。

第二步骤是学习。学习的途径有很多，可以通过看书、上培训班，甚至跟高手私下交流学习，不管什么方式，一定要学，如果不学习，单单靠自己一个人私下研究的话，效率可能很低，时间成本很高，而且很不确定，有些人操作股票 20 年了，到现在为止还是不能稳定赚钱。另外，掌握方法的最快最有效的方式就是找个教练，不单学股票，各行各业中或者掌握一切的本领与技能都是这样，想快速学会打羽毛球，最快最有效的方法是找个教练，想最短时间学会游泳，最快最有效的方法是找个教练。另外，学习一定要找对的人学，找错的人学，会让你走更多的弯路。

第三步骤是复制。很多人看了很多书，之所以还不成功是什么原因呢，主要是没有把复制这个步骤做好。你要把老师教给你的方法大量去用，在实战中，你会发现问题，发现问题后想办法解决问题，这样不断经过"发现问题—解决问题"这个过程，你才会真正把老师教给你的方法掌握到，才能复制老师的盈利模式。可惜的是，不少投资者看书只求量，这本书的方法还没有完全弄清楚，又赶紧去看下一本，这样又怎可能把老师教给你的方法复制过来呢？

第四步骤是创新。当你把老师教给你的方法都复制过来了，做到融会贯通的时候，你自然而然可以到达创新这一步。你可以在老师的方法上创新出一套更适合你自己的盈利模式。但有必要说明的是，也有相当一部分投资者刚看完一本书，还没有经过大量使用与思考，还没有真正把方法复制过来之前，就开始尝试创新，这样急于求成的做法也是很多投资不成功的原因之一。

　　上述是快速成为股市赢家的四个步骤，请读者朋友好好体会。感谢读者朋友选择本书作为学习之用，选择这本书，你已经成功了一半，达到上述步骤的第二步——学习。希望能够反复研读本书，大量使用，不断发现问题并通过思考解决问题，将我教给你的分析技术复制过去，最终到达赢家彼岸。

　　"T+0"是一门技术活，看完本书的各种买卖策略与综合分析技巧，你除了要记住要点，更重要的是你要在实战中经常使用，这样才能够掌握本书所教的"T+0"和短线咬一口的精髓。要学好短线技术，你就需要不断动手操作，就好像你学打羽毛球，如果你只看教练演示给你的每一个动作，而不去亲自练习的话，你是学不好的。所以学这种动手能力要求很高的方法，想最快速度掌握，建议朋友们可以来我们的课堂。在课堂中，我不但让学员们听得懂，而且手把手让每一个学员掌握每个动作，训练好每一个动作，在实战中就可以轻松发挥。

　　做"T+0"，还有几个绝活十分常用而且神奇，例如分时图买卖策略、振幅买卖策略和时间周期买卖策略。分时图买卖策略和振幅买卖策略在实战中使用起来效果很好，但难度很

学习笔记

大，所以如果单纯在书中讲解，很难达到预期的效果，真的需要在课堂中讲解，才能达到最好的效果。另外，时间周期买卖策略是一个十分神奇的策略，一旦你掌握了，使用起来十分简单高效，但如果一知半解，反而会影响你的操作，所以为了对读者负责，时间周期买卖策略也必须放在课堂中手把手传授。

尽管本书大部分都是具体的买卖策略与技巧，大多都是股票买卖之"术"的层面，但当你反复几次看完本书内容，你也会发现，书中其实有很多股票买卖之"道"。举例说，做"T+0"不是"低"买"高"卖，而是"支撑"买"压力"卖，一旦你掌握了这个"道理"，分析股票与买卖股票就会变得轻松自在。又例如，选短线咬一口的个股，核心是买强势股的回调，一旦你掌握了这个"道理"，你做"短线咬一口"，就不会随便追涨杀跌。书上还有不少股票买卖之"道"，读者朋友将本书看5遍以上，你会不断发现个中之"道"。

学习笔记

# 附录二　关于股票市场的正确认识

　　股票市场获利的方法或流派有很多种，按研究的方式来划分可分为基本面分析方法与技术分析方法两大类，按操作的时间周期来划分，可以分为长线、中线、短线与日内等。在过去与众多投资者交流中，我发现有很多投资者都想知道究竟哪个方法才是最好的，我现在可以给你答案：**适合你的方法就是最好的方法**。其实，在众多股市赚钱的方法中，方法没有好与不好之分，只有适合与不适合你的区别。例如某个投资者喜欢研究国家的政策动向，喜欢研究行业的发展，擅长从公司的财务报表中寻找公司的成长性与合理估值，也许他比较适合做基本面分析。又例如某个投资者，他对数字很敏感，喜欢从过去的价格走势中来研究与分析，从而对未来的价格波动进行预测与应对，那么这位投资者也许比较适合做技术分析方法。同理，如果某个投资者他经常工作忙，没有太多时间看盘，那么他应该比较适合做中长线的操作。反过来，如果某个投资者每天都有时间与精力去看盘，性格上也耐不住寂寞，喜欢尽快看到操作结果，那么他也许比较适合做短线。所以，方法没有好与不好之分，只有适合与不适合你的区别，你要根据自己的性格特点，找到一套适合自己的方法，这样效果会更好。当然，有些投资者可能是多重性格，那么也许不同方法对他来说都可以适合。我们本书的方法，是属于技术的方法，使用本书的方法可以做日内 "T+0" 操作，也可以短线咬一口，也可中线波段操作。

学习笔记

# 附录三　学员的学习笔记

→ 笔者在 2010 年和 2011 年被邀请到北京大学讲授股票实战操作课程

　　股市有个定律，就是：一轮牛熊下来，10％的人赚钱，10％的人持平，80％的人亏钱，这个定律不管是过去 100 年里的美国，还是现在的 A 股，甚至是未来都有效。在股票市场，如果你不专业，注定你属于80%的人,在投资市场能够长期生存下来必须让自己变得专业。看看我的学员做的笔记,你就知道他们是业余还是专业。

➡ 笔者在2009年和2010年被邀请到浙江大学讲授股票实战操作课程

1. 深圳学员鲁同学,三天的课程结束后,将内容整理成word文档后发给我,A4纸布局有20多页,很认真,以下是她学习的部分截图。

2. 东莞学员罗同学，三天的课程结束后，将内容速成以思维导图
的形式发给我，缩小后的全布局图如下：

# 后 记

读者朋友如果想平时关注笔者的大盘观点，可以在新浪微博上关注笔者，笔者的新浪微博是 http://weibo.com/wenqiuming。另外，读者对本书有任何疑问，也可以通过电子邮箱与笔者联系：szwqm@vip.163.com。

笔者真心希望能用自己实战实用的股票分析方法帮助到更多的投资者，笔者的目标要让本书成为股票类畅销书，希望得到大家的支持。其实你本人至少也要买 10 本，电脑旁边放一本、床头放一本、办公室放一本、车上放一本，其余几本送给好朋友。如果你觉得本书不错，请多买几本送给你的好朋友，谢谢。

读者对本书有任何疑问及合作，或需要使用跟笔者一样的看盘分析专版软件的，可以通过多种方式与笔者联系：

1. 电子邮箱：szwqm@vip.163.com；

2. 微信公众账号，输入"wen-qiu-ming"或"文老师技术分析"查找添加关注或扫一扫下方二维码；

3. 企业 QQ 在线咨询：4006500848；

4. 文老师新浪博客：http://blog.sina.com.cn/wenqiuming。